Hinter den Kulissen von Psychotherapie

Alexander Hüttner

Hinter den Kulissen von Psychotherapie

Spannende Fälle und wie Sie Ihr Leben dadurch bereichern

Alexander Hüttner
Marburg, Deutschland

Anmerkung: Das Cover des Buches soll eine Szene aus der Psychoanalyse nach Sigmund Freud darstellen. Dieses entspricht der geläufigen Auffassung von Psychotherapie, nicht aber meiner therapeutischen Vorgehensweise.

ISBN 978-3-662-59407-0   ISBN 978-3-662-59408-7   (eBook)
https://doi.org/10.1007/978-3-662-59408-7

Die Deutsche Nationalbibliothek verzeichnet diese Publikation in der Deutschen Nationalbibliografie; detaillierte bibliografische Daten sind im Internet über http://dnb.d-nb.de abrufbar.

© Springer-Verlag GmbH Deutschland, ein Teil von Springer Nature 2019
Das Werk einschließlich aller seiner Teile ist urheberrechtlich geschützt. Jede Verwertung, die nicht ausdrücklich vom Urheberrechtsgesetz zugelassen ist, bedarf der vorherigen Zustimmung des Verlags. Das gilt insbesondere für Vervielfältigungen, Bearbeitungen, Übersetzungen, Mikroverfilmungen und die Einspeicherung und Verarbeitung in elektronischen Systemen.
Die Wiedergabe von allgemein beschreibenden Bezeichnungen, Marken, Unternehmensnamen etc. in diesem Werk bedeutet nicht, dass diese frei durch jedermann benutzt werden dürfen. Die Berechtigung zur Benutzung unterliegt, auch ohne gesonderten Hinweis hierzu, den Regeln des Markenrechts. Die Rechte des jeweiligen Zeicheninhabers sind zu beachten.
Der Verlag, die Autoren und die Herausgeber gehen davon aus, dass die Angaben und Informationen in diesem Werk zum Zeitpunkt der Veröffentlichung vollständig und korrekt sind. Weder der Verlag, noch die Autoren oder die Herausgeber übernehmen, ausdrücklich oder implizit, Gewähr für den Inhalt des Werkes, etwaige Fehler oder Äußerungen. Der Verlag bleibt im Hinblick auf geografische Zuordnungen und Gebietsbezeichnungen in veröffentlichten Karten und Institutionsadressen neutral.

Einbandabbildung: © andrew_rybalko/stock.adobe.com

Springer ist ein Imprint der eingetragenen Gesellschaft Springer-Verlag GmbH, DE und ist ein Teil von Springer Nature
Die Anschrift der Gesellschaft ist: Heidelberger Platz 3, 14197 Berlin, Germany

*Wir können den Wind nicht ändern,
aber die Segel anders setzen.*
Aristoteles

Geleitwort

Liebe Leser,
freuen Sie sich auf einen Blick hinter die Kulissen einer psychotherapeutischen Praxis!

Als ich Anfang der 90'er Jahre meine Praxis mit Kassenzulassung eröffnete, gab es noch deutlich mehr Widerstand als heutzutage gegen eine solche Behandlung – nach dem Motto „ich geh' doch nicht zu einem Irrenarzt!" Die Menschen heute sind aufgeklärter und nehmen dieses Thema differenzierter wahr. In meiner über 25-jährigen Tätigkeit konnte ich erleben, dass die Eintrittsschwelle für eine solche Behandlung niedriger wurde, sodass heutzutage die Behandlungsquote für psychische Störungen höher ist. Dennoch gibt es immer noch einen nennenswerten Prozentsatz an Menschen mit nicht angemessen behandelten psychischen Störungen.

Dieses Buch ist ein Leckerbissen für jemanden, der sich dafür interessiert, was eigentlich genau hinter den verschlossenen Türen einer solchen Praxis passiert. Darüber ist in der Öffentlichkeit relativ wenig bekannt. Im Alltag pflegt jeder seine Fassade und lässt sich nicht dahinter blicken. Und es ist auch gut und wichtig, wählerisch und behutsam damit zu sein, wem man wann sehr persönliche Dinge anvertraut. Durch diesen Ausgrenzungseffekt von psychischen Symptomen ist es eher außergewöhnlich, wenn sich jemand offen dazu bekennt, in psychotherapeutischer Behandlung zu sein. Aber selbst von diesen Menschen erfahren sie in der Regel keine Einzelheiten über ihren Therapieverlauf. Daher bietet Ihnen dieses Buch eine seltene Gelegenheit, etwas darüber in Erfahrung zu bringen.

Die Schilderung von diesen konkreten Therapie-Fällen gibt Ihnen gleichzeitig eine weitere wertvolle Gelegenheit. Sie können nämlich besser verstehen lernen, wie unsere Psyche funktioniert. Dabei sprechen zum einen die Schilderungen der Therapien für sich. Zum anderen dürfen Sie gespannt sein, wie jeweils am Ende eines jeden Kapitels mein Kollege Hüttner das Wichtigste analysiert und zusammenfasst.

Eine Therapie ist immer auch eine Ausbildung zum Hauspsychologen für sich selbst. Das ist als erster Therapieschritt absolut notwendig. Normalerweise sind wir im Alltag so auf die Handlungsebene fixiert, dass wir von Anderen Ratschläge haben wollen: „Was kann ich denn anders machen?" Der erste Schritt bezieht sich allerdings erst einmal darauf zu akzeptieren, dass es gerade so ist, wie es ist; zu akzeptieren, dass da z. B. depressive Symptome sind. Die meisten stufen ihre Symptome erst einmal schlichtweg als störend ein und wollen sie so schnell wie möglich weg haben. Gefühle werden dann in zwei Sorten eingeteilt, in gute und schlechte. Aber unabhängig davon geht es darum zu verstehen: „Warum passiert mir das gerade?" Dieses Verständnis ist die unabdingbare Voraussetzung für weitere Veränderungsschritte.

Es ist sogar so, dass die erst einmal als unerwünscht bis verhasst empfundenen Symptome der Wegweiser zu Heilungs- und Wachstums-Prozessen sein können, die einen dazu führen, einen besseren Zustand als vorher zu erreichen. Ich bringe es einmal am Beispiel einer Depression auf den Punkt: wenn sich diese allmählich im Laufe von Jahren verschlimmert, kommt es zu Impulsen von Todessehnsucht, dass Betroffene dann sagen, „ach, am liebsten würde ich einschlafen und dann am nächsten Morgen nicht mehr aufwachen!" Ich sage dann zu ihnen, wie ihr Zustand aus fachlicher Sicht zu verstehen ist: „Bei Ihrem Satz ‚ich will nicht mehr leben' fehlen bei genauerer Betrachtung zwei Buchstaben: ‚ich will *so* nicht mehr leben'." Da eine Depression oft „die Belohnung" für Bravheit ist, entsteht in der Psyche ein Überdruss gegen diese unbewusst erworbenen angepassten Verhaltensmuster und die dann entstehende Krise (griechisch = Wende) bietet die Chance für einen Neubeginn. Eine Therapie ist ein gemeinsamer Suchprozess von Klient und Therapeut, eigene Bedürfnisse und Werte des Klienten zu entdecken, die bisher durch seine Überanpassung nicht zum Zuge kamen. Wenn diese entdeckt werden und auch gelebt werden können, erlebt der Betreffende einen Neuanfang in seinem Leben, bei der seine Lebensqualität höher ist als vor Beginn der Depression. Seien Sie gespannt auf das Kapitel „Klara – Warum eine Depression ein Segen sein kann".

Wenn Sie mit dieser inneren Haltung an diese Lektüre gehen, wie gerade dieser Mensch tickt, von dem mein Kollege jeweils berichtet, werden Sie dieses Buch mit großem Gewinn lesen. Sie werden die Informationen über den Therapieverlauf wissbegierig aufsaugen und spontan einiges dazu lernen über „Psycho-Logik". Sie werden also hier gleich über mehrere Menschen etwas erfahren, was Sie sonst nie erfahren. Sie werden hinter die Fassade blicken können. Selbst wenn uns Freunde etwas von ihren Problemen erzählen, erhalten wir in der Regel keinen so tiefen Einblick wie in diesem Buch.

In diesem Sinne wünsche ich Ihnen eine gewinnbringende Lektüre!

Heiner Kaut-Otterbein, psychologischer Psychotherapeut

Heiner Kaut-Otterbein

Vorwort

Liebe Leserin, lieber Leser,
schon lange vor meinem Psychologie-Studium habe ich mich für das Gebiet der Psychotherapie interessiert. Wie läuft eine Therapiestunde ab? Welche Themen werden behandelt? Wie kann ein Mensch einem anderen Menschen professionell helfen, obwohl sein Hilfswerkzeug häufig ausschließlich aus Worten besteht? Konkrete Antworten auf meine Fragen blieben mir selbst während meines Studiums vorenthalten.

Wenn Sie die Welt der Psychotherapie ebenso fasziniert wie mich, verstehen Sie bestimmt meine Beweggründe für dieses Werk. Auf den folgenden Seiten erhalten Sie tiefe Einblicke in die therapeutische Arbeit. Sie werden die Möglichkeiten einer Therapie entdecken, aber auch feststellen, dass man manchmal an ihre Grenzen stößt. Einige Themen, die bei meinen Klienten Leid verursachen, werden Ihnen sicherlich aus Ihrer eigenen Lebensgeschichte bekannt vorkommen. Nutzen Sie gerne die Techniken, die meinen Klienten weiterhelfen konnten. Doch seien Sie auch vorsichtig: Dieses Werk dient lediglich als Ratgeber, es ist kein Ersatz für eine Therapie. Sollten Sie unter schwerwiegenden psychischen Störungen leiden oder Ihnen die hier enthaltenen Tipps nicht förderlich sein, lege ich Ihnen dringend ans Herz, fachspezifische und professionelle Hilfe zurate zu ziehen. Psychologen, Therapeuten oder Ärzte können Ihnen dabei eine wertvolle Stütze sein.

Die Aussage „auf den folgenden Seiten erhalten Sie tiefe Einblicke in die therapeutische Arbeit" mag irreführend sein. Denn die therapeutische Arbeit kann sehr unterschiedlich aussehen. Eine Sitzung in einer Verhaltenstherapie läuft anders ab als in der Systemischen Therapie oder der Psychoanalyse. Doch damit nicht genug: Die Therapie ist ein Prozess und besitzt ihre eigene Dynamik; nicht nur die Klienten, auch die Therapeuten unterscheiden sich. Man kann also annehmen, dass es so viele verschiedene Therapien wie Therapeuten gibt. Wenn Sie sich in professionelle Hände begeben, werden Sie feststellen, dass eine Therapie gewissermaßen einzigartig ist, genau wie Ihr individuelles Anliegen. Entsprechend werden Sie in diesem Buch lediglich Einblicke in meine Arbeit als Psychologe und Therapeut erhalten, als Beispiel dafür, wie Therapie aussehen kann.

Damit Sie sich noch besser vorstellen können, wie ich arbeite, hier ein paar Informationen: In meinem Therapieraum stehen zwei mausgraue Ohrensessel, keine Couch. Meinen Klienten biete ich Tee an, um eine gemütliche Atmosphäre zu schaffen. Während einer Sitzung halte ich Blickkontakt mit meinem Gegenüber und verzichte deshalb auch auf Notizen während des Gesprächs. Die schriftlichen Aufzeichnungen folgen anschließend. Diese nützen mir, mich in der kommenden Woche auf die Sitzung vorzubereiten.

Aus Gründen der Anonymität habe ich die Namen meiner Klienten geändert. Damit soll gewährleistet werden, dass meine Klienten unerkannt bleiben. In allen dargestellten Fällen habe ich versucht, die tatsächlichen Therapiestunden möglichst wortgetreu wiederzugeben, damit Sie als Leser oder Leserin eine realistische Vorstellung davon bekommen, wie Therapie tatsächlich aussehen kann. Dabei werden verschiedene Problematiken beleuchtet und anschließend analysiert. Das soll Ihnen helfen, eigene Schwierigkeiten zu erkennen und daraus resultierendes Wissen auch zu nutzen, um Ihre eigene Lebensqualität zu erhöhen.

Noch eine letzte Anmerkung, ehe wir zur Einführung kommen: In meinen Augen kann alles besser werden, was auch schlechter werden kann. Das befreit uns aus der Opferrolle, legt aber auch eine gewisse Verantwortung für das eigene Wohlbefinden nahe. Deshalb freue ich mich, wenn Sie mithilfe dieses Buches an sich selbst arbeiten und Ihre Lebensqualität dadurch steigern können.

Ich wünsche Ihnen viel Freude beim Lesen.

Alexander Hüttner

Danksagung

Besonderen Dank möchte ich meinen Klienten aussprechen. Diese haben sich bereit erklärt, dass die gemeinsamen Therapiesitzungen in anonymisierter Form hier dargestellt werden. Ich hoffe, dass ihnen im Leben ähnlich viel Vertrauen und Anerkennung entgegenbracht werden, wie sie sie mir geschenkt haben.

Ich bedanke mich bei Naturheilpraktikerin Frau Heidi Klien-Janßen, die mich in meiner Arbeit unterstützt und ihre schönen Räumlichkeiten zur Verfügung stellt.

Dieses Werk hat liebevolle Unterstützung bekommen von: Heiner, Heide, Petra, Hillela, Berenike, Manfred und Marita. Danke!

Inhaltsverzeichnis

1 Einführung: Was sind die zwei wichtigsten Bereiche in Ihrem Leben? 1

2 Leonie – Wer kommt der Hilflosigkeit zu Hilfe? 5

3 Marie – Wenn die Ehe zu zerbrechen droht 23

4 Gerland – Gefühle im Gefrierschrank 39

5 Amelie – Ein heiliger Schwur, der ewig währt? 63

6 Klara – Warum eine Depression ein Segen sein kann 81

7 Joshua – Panische Angst vor
   Panikattacken   99

8 Felicitas – Schlafproblem heißt,
   das Problem löst sich nicht
   im Schlaf   117

9 Paul und Samira – Raus aus
   den Kinderschuhen   137

Nachwort   155

1

Einführung: Was sind die zwei wichtigsten Bereiche in Ihrem Leben?

Manches steht in unserer Macht, anderes nicht.
Epiktet

Dieser Ratgeber beruht auf dem Ich kann!-Prinzip (Hüttner 2017). Dieses Prinzip zeigt uns auf, was wir in unserem Leben beeinflussen können und was nicht. Wenn wir erfolgreich und glücklich sein möchten, brauchen wir Werkzeuge, die uns aus der Ohnmacht und dem Gefühl des Ausgeliefertseins befreien und uns Entscheidungs- und Gestaltungsspielräume vor Augen führen.

Der wesentliche Punkt für eigenverantwortliches Handeln ist das Klären und Trennen, was in meinen Wirkungsbereich fällt und was nicht. Die Worte eines anderen über mich sagen etwas über ihn aus, nicht über mich. Aber wie ich damit umgehe, sagt etwas über mich aus. Um den Unterschied zwischen Einflussnahme und Einflusslosigkeit zu verdeutlichen, bedienen wir uns zweier Faktoren. Der erste Faktor ist der *Ich-Bereich*. Das sind Sie!

Darunter zählt all das, worauf Sie direkt Einfluss nehmen können: Ihre Atmung, Ihre Gedanken, Ihre Gefühle, Ihre Einstellungen. Machen Sie aus Mücken Elefanten oder aus Elefanten Mücken? Ist Ihr Herz so groß ist wie das eines Flohs oder eines Blauwals? Haben Sie die Gelassenheit eines Koalas oder eines Zitteraals? Das alles ist Ihre Sache und gehört somit in Ihren Ich-Bereich. Nutzen Sie den Ich-Bereich und fühlen Sie sich in Ihrer eigenen Haut noch wohler. Die Erfahrung, wie Gedanken und Gefühlswelt ineinander übergreifen, ist beeindruckend: Denken Sie an den schlimmsten Moment in Ihrem Leben – wie fühlen Sie sich? Denken sie an einen wunderbaren Moment in Ihrem Leben – wie fühlen Sie sich jetzt? Sie können sich für Augenblicke an Ihren letzten Urlaub erinnern, sich Ihre Lieblingsmusik ins Gedächtnis rufen oder an Ihren Lieblingsmenschen denken. Dies löst sogleich Emotionen aus, die Sie in eine positive Stimmung versetzen. All das liegt in Ihrem Ich-Bereich, in Ihrer Macht.

Der zweite Faktor, das Pendant zum Ich-Bereich, ist der *Nicht-Bereich*. Er umfasst all jene Dinge, die wir nicht direkt beeinflussen können, über die wir keine Macht haben. Denken Sie an das Wetter oder an Ihre Mitmenschen. Was bleibt uns aber übrig, wenn wir bestimmte Situationen und Personen nicht ändern können? Es bleibt die Möglichkeit, uns in Annahme und Akzeptanz zu üben. Das fällt häufig schwer, weil wir vieles auf uns beziehen und „einfach loslassen" überhaupt nicht einfach ist. Doch wenn es gelingt, wird sich das eigene Leid verringern. Das Bewusstsein, keine Macht über den Nicht-Bereich zu haben, kann einen weiteren Vorteil bringen: Es verdeutlicht, dass wir jenen Bereich nicht zu verantworten haben – dies kann uns eine gewisse Leichtigkeit und Sorglosigkeit schenken. Die Worte Ihres Gegenübers hat das Gegenüber zu verantworten, nicht Sie! Eines sei noch angemerkt: Wir brauchen nicht versuchen, das Unveränderliche zu verändern. Denn alles, was im Nicht-Bereich liegt, verändert sich auch ohne unser Zutun. Der Nicht-Bereich kommt und geht, bringt mal Glück und mal Pech, wie die Würfel im Casino.

Was banal klingt, kann sich in der Praxis als durchaus kompliziert erweisen. Doch eine Differenzierung soll mithilfe einer Metapher für jeden leicht verständlich sein: Oben hatte ich erwähnt, dass das Wetter zum Nicht-Bereich gehört. Doch heißt das, dass wir dem Wetter hilflos ausgesetzt sind? Nein. Wir können das Wetter zwar nicht ändern, doch wir können einen anderen Ort aufsuchen, in Urlaub fliegen und statt Regen schmecken Sonne tanken. Ob wir uns über das Wetter ärgern oder freuen, fällt in den Ich-Bereich, denn das ist unser Gefühl. Auch all das, was wir über das Wetter sagen und denken, gehört in den Ich-Bereich. Unsere Gedanken und Worte können wir verändern. Wir müssen nicht schlecht über das Sauwetter reden, wir könnten es auch, wie Liedermacher Reinhard Mey, freudig besingen.

Was wir bewerten und wie wir etwas bewerten, fällt auch in den Ich-Bereich. Es ist leicht, kritisch zu sein und Mängel zu sehen. Doch es ist schwer, etwas selbst besser zu machen und Lösungen nicht nur zu finden, sondern sie auch umzusetzen. Wie kritisch sind wir anderen gegenüber? Und wie sehr kritisieren wir unser eigenes Verhalten? Indem wir nachsichtig mit uns selbst umgehen, wird es uns auch besser gelingen, toleranter mit unserer Umwelt zu sein.

Kommen wir nochmals zur Unterscheidung zwischen den beiden wichtigsten Bereichen in Ihrem Leben zurück und betrachten die verschiedenen Zeiten: Zum Nicht-Bereich zählen Vergangenheit und Zukunft, denn diese werden wir nicht verändern. Die Vergangenheit ist vorbei, sie ändern wir nicht. Die Zukunft ist noch nicht da, und wer weiß, ob wir den nächsten Morgen noch erleben dürfen? Zum Handeln bleibt nur der gegenwärtige Moment – darauf haben wir Einfluss, dieser zählt zum Ich-Bereich. Nutzen wir also das, was in unserer Macht steht, nutzen wir den Augenblick und rücken unser Ich in ein schöneres Licht. Wir können jetzt anders über unsere Vergangenheit denken, wir können uns jetzt auf die Zukunft freuen. Wenngleich wir das Vergangene und Zukünftige nicht verändern können, so können wir dennoch ein anderes Gefühl dafür empfinden.

Manchmal scheint es, als würde der Nicht-Bereich nur „schlechte" Gefühle in uns auslösen. Zum einen halte ich es für sinnvoll, Gefühle wie Schmerz, Trauer oder Wut ebenso zuzulassen wie Freude oder Glück. Das Unterdrücken von Emotionen bedeutet ein Kampf mit sich selbst – da kann man nur verlieren. Wenn wir aber jedem Gefühl einen Platz einräumen, endet dieser Kampf. Zum anderen behaupte ich, dass wir froh sind, dass es den Nicht-Bereich gibt. So bleibt das Leben spannend und der Alltag eine Herausforderung. Haben Sie früher auch Tetris gespielt? Auf dem leichtesten Level macht das nicht allzu lange Spaß, es ist zu einfach, man kann die Objekte ohne Mühe kontrollieren. Dann erhöht man die Schwierigkeit, um wieder gefordert zu sein, um die Anspannung wieder erleben zu dürfen. Welche Schlussfolgerung ziehen wir daraus? Ein Leben ohne Nicht-Bereich wäre langweilig.

Abschließend sei bemerkt, dass es leicht ist, glücklich zu sein, wenn einem der Nicht-Bereich wohlgesonnen ist. Wenn die Sonne scheint, fremde Menschen freundlich sind und das Schicksal Joker in unsere Karten mischt. Die Kunst liegt aber darin, sich gut zu fühlen, wenn es das Leben nicht gut mit einem meint.

Was dazu nötig ist? Die folgenden Klientenfälle vermitteln Ihnen einen Einblick, wie Sie diese Kunst erlernen können. Lernen Sie, wo die Grenze zwischen Macht und Ohnmacht liegt und entdecken Sie Ihre Entscheidungs- und Gestaltungsspielräume.

2

Leonie – Wer kommt der Hilflosigkeit zu Hilfe?

Das Leben selbst ist eine gute Therapie.
Karen Horney

Mir gegenüber sitzt eine Frau Anfang 30: Leonie. Sie lebt seit zwei Jahren in einer festen Partnerschaft. In den vergangenen Sitzungen haben wir über einige Schwierigkeiten in ihren bisherigen Liebesbeziehungen gesprochen, die sich auch in der aktuellen allmählich widerspiegeln. Leonies Eltern sind schon lange geschieden, die Trennung habe sie aber längst verarbeitet. Außerdem könne sie nach einigen unglücklichen Partnerschaften gut nachvollziehen, dass das Aus manchmal unvermeidlich sei.

Leonie betont auch in der heutigen Sitzung, dass in ihren Paarbeziehungen viele Streitigkeiten aufkämen, unter denen sie enorm leide: „Manchmal habe ich den Eindruck, dass mir das viel näher geht als meinem Partner". „Woran machen Sie das fest?", will ich wissen. „Zum Beispiel vorgestern: Wir hatten uns abends in die Haare bekommen, worauf ich erst einmal die Wohnung verlassen und mich an der frischen Luft abkühlen musste. Als ich etwa eine halbe Stunde später zurück kam, hatte er bereits tief und fest geschlafen. So was könnte ich nie! Ich lag dann die halbe Nacht wach, weil mich das nicht loslassen wollte." „Was geht Ihnen dann durch den Kopf?" „Naja", beginnt sie vorsichtig, „ich frage mich eben, ob ich böse oder ungerecht war, ob ich etwas falsch gemacht habe. Vielleicht habe ich ja den Streit verursacht, vielleicht konnte er ja gar nichts dafür."

Da höre ich ein großes Schuldbewusstsein heraus. Meinen Erfahrungen zufolge reicht das Gefühl von Schuld meist bis in die Kindheit zurück. Darum lenke ich das Gespräch in eine andere Richtung, weg von der Gegenwart, hin zur Vergangenheit:

> **Wo müssen wir suchen?**
>
> Natürlich ist es hilfreich, sich auf die Suche zu begeben. Doch vorher sollten wir uns über eine Sache im Klaren sein: Wo müssen wir suchen, um fündig zu werden?
>
> Wenn wir unsere alten Beziehungsmuster durchbrechen möchten, kommen wir nicht umhin zu überlegen, woher diese rühren. Oftmals reichen sie bis in die Kindheit zurück. Dann sollten wir uns gedanklich in diese Zeit zurück begeben. Scheuen Sie nicht, zu dem Ort zurückzukehren, wo Schmerz und Kummer begraben liegen. Denn dort, wo Sie auf Probleme stoßen, verbirgt sich auch meist die passende Lösung.

Ich frage gezielt nach Leonies Kindheitserfahrungen und möchte wissen, welches Bild sie von der Beziehung ihrer Eltern im Kopf habe. Leonie führt aus, dass sich ihre Eltern viel gestritten hatten. An einen liebevollen Umgang miteinander könne sie sich nicht entsinnen. „Unter deren Kampeleien habe ich so sehr gelitten, dass ich alles dafür gemacht hätte, damit sich die beiden versöhnen."

2 Leonie – Wer kommt der Hilflosigkeit zu Hilfe?

Natürlich weiß Leonie, dass sie nicht schuld daran ist, dass sich ihre Eltern stritten und einige Zeit später scheiden ließen. Doch weiß es auch das innere Kind von Leonie? Weiß es die Sechsjährige, die erfährt, dass sich ihre Eltern scheiden lassen?

Ich bin bemüht, meiner Klientin das näher zu bringen. „Kinder beziehen viele Gegebenheiten auf sich, obwohl sie teils nichts mit ihnen zu tun haben. Wenn sich die Mutter im Ton vergreift, glauben sie, sie hätten etwas falsch gemacht. Wenn ein Freund keine Zeit hat, meinen sie, sie hätten ihn verärgert. Und wenn sich die Eltern streiten, denken sie, es sei ihretwegen. Die Trennung Ihrer Eltern haben Sie möglicherweise stark auf sich bezogen, eben weil Sie damals noch Kind waren. Tief in Ihnen hat sich vielleicht eine Art Schuld manifestiert. Diese Schuld haben Sie sich als Kind zugeschrieben, doch heute wissen Sie, dass Sie sich nicht schuldig fühlen müssen. Das sechsjährige Kind weiß das aber nicht, deshalb könnte diese Schuld noch vorhanden sein."

Leonie beginnt zu weinen. Ich führe weiter aus: „Offensichtlich haben manche meiner Worte Sie tief berührt. Das, worüber Sie jetzt weinen, war wohl schon Jahre vorhanden. Im Alltag werden diese Gefühle aber zugeschüttet, überdeckt, abgetan. Welche Bilder kommen Ihnen jetzt in den Sinn? Was hat Sie zu Tränen gerührt?"

Die Klientin führt aus, dass sie sich erinnert habe, dass jede Art von Auseinandersetzung ihr aufs Gemüt schlägt. Ob in Partner- oder Freundschaften: Sie könne es nicht verkraften, wenn sich Menschen ankeifen oder gar angiften würden. „Mir ist klar, dass man nicht immer einer Meinung sein kann und dass Diskussionen oder Streitigkeiten zum Leben gehören. Doch irgendetwas in mir kann das trotzdem nicht ertragen. Dann fliehe ich am liebsten." Das, was Leonie als „irgendetwas" beschreibt, würde ich als ihr tief empfundenes Gefühl bezeichnen.

Der Verstand weiß, dass Streit zum Leben gehört, doch das Gefühl ändert sich deshalb nicht. Gefühle haben die gleiche Berechtigung wie der Verstand! Sie haben ihre eigene Logik, die den Verstand überfordern kann. Mich interessiert daher, welche Bilder und Erinnerungen sich in Leonies Gedächtnis eingebrannt haben. Was brachte sie eben zum Weinen? Woran denkt sie, wenn sie zutiefst traurig ist? Was ist es, das sie nach einem abendlichen Streit nicht schlafen lässt?

„Hm, schwierige Frage, da muss ich erst einmal überlegen", antwortet Leonie mir. Ich gebe ihr die Zeit, die sie braucht und nippe an meiner Tasse Tee. Sie tut es mir gleich. (Damit da keine Missverständnisse aufkommen: Sie trinkt aus ihrer Tasse, nicht aus meiner.) Dann fährt sie fort: „Manchmal erinnere ich mich daran, wie ich am Fenster sitze und ins Leere blicke. Einige Stunden zuvor hatte ich erfahren, dass sich meine Eltern scheiden lassen. Ich wusste gar nicht, was jetzt passiert. Ich war ja noch so jung. Es traf mich wie ein Blitz, aber der Donner kam nicht. Kein Regen, der vom Himmel herunterstürzt. Es fühlte sich so unwirklich an, so fremd. Schockstarre: Reglos saß ich mit zwei leblosen Augen vor dem Fensterglas, das meinen Blick nicht auffangen wollte."

Ich spüre plötzlich Gänsehaut. Das hilflose Kind am Fenster, die Ungewissheit, das leblose Gefühl. Da ich selbst Scheidungskind bin, kann ich mich sehr gut in das Mädchen hineinversetzen und nachempfinden, wie es ihr geht. Wir Therapeuten nutzen die eigenen Erfahrungen, um die Klienten noch besser zu verstehen.

Achtung, Ihr Verstand wächst!

Die Diskrepanz zwischen Bauch und Kopf kann eine große Gefahr für den Therapieerfolg darstellen! Wenn Sie sich auf die spannende Reise in Ihre Kindheit begeben, lassen Sie deshalb Ihren Verstand bitte vor der Türe warten. Nehmen

2 Leonie – Wer kommt der Hilflosigkeit zu Hilfe?

> Sie ihn nicht mit. Wieso? Weil Sie sich in all den Jahren viel Wissen angeeignet haben, Zusammenhänge nun verstehen können, Handlungen begreifen, Verletzungen nachvollziehen. Dadurch entfernen Sie sich von Ihrem inneren Kind, denn das Kind kann das nicht.
> Wenn Sie Ihrem inneren Kind nahe sein möchten, gelingt das ausschließlich über Ihr Gefühl. Fühlen Sie sich in das Kind, spüren Sie Trauer, Wut, Enttäuschung, ohne es zu bewerten. Werden Sie selbst nochmal Kind.

„Was möchten Sie diesem ratlosen Kind sagen, was würden Sie ihm am liebsten entgegenbringen?", hake ich nach. Leonie überlegt lange, ehe sie meiner Frage nachkommt. „Die Welt fühlt sich manchmal grausam an, doch das Gefühl bleibt nicht für immer. Auch wenn die Erde zu zerreißen droht, so dreht sie sich doch weiter. Das mag in diesem Moment unvorstellbar sein, doch es ist tatsächlich so." Sie bricht erneut in Tränen aus. „Und ich möchte die Kleine in meine Arme schließen und ihr sagen, dass sie diese grausame Welt nicht zu verantworten hat. Mein Gott, sie ist ja noch ein Kind, sie hat doch nichts getan! Sie ist nicht schuld, dass ihre Eltern nicht glücklich miteinander sind, sie kann nichts dafür, dass ihre Ehe auseinander geht. Doch sie, die Unschuldige, die Naive muss all das ausbaden, das ist nicht gerecht." Leonies Stimme wurde laut, die Augen groß und ihr Gesicht rot. Ich bin überrascht, dass diese einfühlsame, verständnisvolle Klientin im Nu solch einen Zorn entwickeln kann. Ich warte ab. Allmählich weicht Leonies Wut, dann entkrampft sie ihre Hände, schlägt die Augen nieder und schiebt leise nach: „Die Last ist zu schwer, um sie auf ihren schmalen, kindlichen Schultern zu tragen, der Kummer ist zu groß, um ihn zu zerstreuen, die Schuld zu fesselnd, um sich von ihr zu befreien."

Wenn wir das Mädchen Leonie verstehen wollen, müssen wir die Welt mit ihren Augen sehen. Das sechsjährige

Kind weiß nicht, wie ihr geschieht. Diese Ungerechtigkeit ist qualvoll, doch ist sie real. Das Urvertrauen in ihre heile Familie scheint mit einem Male ausgelöscht; die Welt, in der sie spielte, lebte und lachte, in einer riesigen Explosion zerborsten und zerstört. Bleibt da nicht von jeder schönen Erinnerung ein bitterer Nachgeschmack? Wie konnte sie glücklich sein, wo sich in dem Boden unter ihren Füßen schon Risse abzeichneten? Wieso hatte sie das nicht bemerkt? Jede Leichtigkeit geht nun mit einer Schwere einher, jedes Lachen erstickt noch im eben geöffneten Mund. Doch wissen wir Erwachsenen, wie Kinder fühlen und denken?

Leonie erinnert sich an einige ihrer Gedanken und Gefühle. Die empfundene Schuld sei damals riesig gewesen, und wohl nur von Trauer und Hilflosigkeit übertroffen. „Wie sind Sie damit umgegangen?", frage ich. „Ich war viel alleine, habe meinen Gedanken nachgegangen. Besser wurde es dadurch aber nicht. Hin und wieder konnte ich auch weinen. Ich weiß noch, dass ich mich irgendwann wieder auf den Alltag, meine Freizeit und meine Freundinnen konzentrieren konnte. Wie lange das gedauert hat, kann ich gar nicht sagen. Der Schmerz wurde nach und nach schwächer, das Leben ging weiter. Alles wie gehabt, obwohl manches anders war. Mama und Papa küssten sich nicht mehr, Papa zog bald darauf aus, ich besuchte ihn dann am Wochenende." „Man verdrängt den Schmerz, doch deshalb ist er nicht weg." „Ja. Aber man hofft, dass er nicht wiederkehrt. Und bis vorhin wusste ich auch gar nicht, dass mich die Situation von damals heute noch dermaßen belastet."

Wir wenden uns wieder den aktuellen Gegebenheiten zu. „Sie sagten zu Beginn, dass Sie unter den Streitigkeiten in Ihrer Liebesbeziehung enorm litten, dass Sie diese kaum aushalten können. Gleicht das Gefühl jener Trauer, Schuld und Hilflosigkeit, als Sie am Fenster saßen?" Leonie nickt.

2 Leonie – Wer kommt der Hilflosigkeit zu Hilfe?

„Ja, das fühlt sich fast genauso an … Können Sie mir denn sagen, was ich tun muss, damit es geht?" Jetzt ist guter Rat teuer. Doch wenn man als Therapeut nicht weiter weiß, wie man dem Klienten Hilfe zur Selbsthilfe geben kann, sollte man sich an seinen zuverlässigsten Freund wenden: die Zeit. Darum blicke ich auf meine Uhr. „Das war eine anstrengende Stunde, wir sollten das erst einmal verarbeiten. Wir fahren bei der Frage, die Sie mir nun gestellt haben, das nächste Mal fort. Vielleicht gelingt es Ihnen, sich in den kommenden Tagen selbst Antworten darauf zu überlegen. Was könnte helfen? Was brauchen nicht Sie, sond…" „sondern das Mädchen, die Sechsjährige, stimmt's?", wirft Leonie energisch ein. „Stimmt", erwidere ich lächelnd und verabschiede sie.

> **Therapie braucht Zeit**
>
> Überstürzen Sie nichts. Weder als Therapeut noch als Klient sollten Sie zu forsch und unbedacht an die Arbeit gehen. Phasen der Informationsaufnahme sollten Phasen der Ruhe folgen. Wie heißt es so schön? „Rom wurde auch nicht an einem Tag erbaut." Sobald die Saat gesetzt, sollten wir geduldig sein, denn Ungeduld wird ihr Wachstum nicht beschleunigen.
>
> Die wichtigste Zeit findet übrigens zwischen den Therapien statt, denn im Alltag kann das neu erlangte Wissen ins eigene Leben integriert werden. Wieso das nötig ist? Mein Gegenüber kommt nicht zu mir, weil es in meinem Raum leidet, sondern beispielsweise zu Hause oder auf der Arbeit. Die Lösungen, die wir hier erarbeiten, werden dort gebraucht, geübt und im eigenen Tempo, nach und nach, umgesetzt.

In der darauffolgenden Woche kommt Leonie einige Minuten zu früh in die Praxis. „Tut mir leid, dass ich so früh dran bin, ich hoffe, ich störe Sie nicht." „Keineswegs, treten Sie ein. Haben Sie neue Erkenntnisse gewonnen?"

„Jedenfalls habe ich mir viele Gedanken über unsere letzte Sitzung gemacht. Dabei ist mir aufgefallen, dass insbesondere die Themen Schuld und Hilflosigkeit sich wie ein roter Faden durch meine Beziehungen ziehen. Unabhängig von den Situationen, Partnern oder meinem Alter: Ich lande regelmäßig in grenzenloser Ohnmacht und nehme jede Aussage zum Anlass, mich selbst schlecht zu fühlen. Häufig bin ich der Meinung, keine gute Partnerin zu sein, alles Schlechte beziehe ich auf mich und überlege dann, wie ich das hätte verhindern müssen. Dabei stelle ich mir gar nicht die Frage, ob ich schuldig bin – ich nehme das als gegeben hin." „So wie sich manches Kind nicht fragt, ob es schuldig ist – es geht davon aus, es kann sich offensichtlich keine andere Möglichkeit vorstellen", überlege ich laut. „Ja, Sie sprechen mir aus der Seele. Ich hätte niemals meinen Eltern Schuld zusprechen können. Für mich war klar: Ich bin das Übel."

Wo müssen wir ansetzen, damit das Muster ein Ende findet? Und wie können wir Therapeuten dabei behilflich sein? Der Verstand bringt Leonie nicht weiter. Sie trifft keine Schuld, dass sich ihre Eltern viel stritten und sich letztlich scheiden ließen, das ist ihr bewusst. Ihr Gefühl ändert sich durch dieses Wissen aber nicht.

„Schreiben Sie gerne?", möchte ich von Leonie wissen. „Früher habe ich gerne geschrieben, habe mich meinem Tagebuch anvertraut und die innigsten Geheimnisse darin offenbart. Das ist bald 20 Jahre her. Mittlerweile schreibe ich nur noch E-Mails oder Kurznachrichten über WhatsApp, wenn Sie das kennen." Bitte, was? Sehe ich aus, als würde ich schon zum alten Eisen zählen? Ich vermeide den Blick in den Spiegel, ignoriere ihre letzte Aussage und fahre unbekümmert fort: „Dann bitte ich Sie, Ihre alten Gewohnheiten wiederzubeleben. Nehmen Sie die Perspektive des kleinen Mädchens ein, das eben noch am Fenster saß, auf ihr Zimmer geht und die Welt nicht versteht.

2 Leonie – Wer kommt der Hilflosigkeit zu Hilfe?

Schreiben Sie Ihrem Vater, Ihrer Mutter oder einer Freundin. Drücken Sie all das aus, was Ihnen im Kopf herumspukt, was Sie fesselt und was Ihnen die Lebensfreude nimmt. In diesem Brief dürfen Sie alles niederschreiben, denn außer Ihnen selbst wird ihn niemand zu sehen bekommen."

Wir besprechen nicht en détail, wie dieser Brief aussehen soll. Mir als Psychologe ist wichtig, dass Leonie diesen Brief *intuitiv* verfasst, aus dem Bauch heraus, ohne Kopf. Wir werden nicht an unsere kindlichen Emotionen gelangen, wenn wir darüber nachdenken, was wie zu tun ist und uns stur den Aufgaben widmen.

Doch einen Brief zu schreiben, ist nicht die einzige Möglichkeit. Zusätzlich kann sich Leonie selbst Gutes tun, indem sie einige „heilende Sätze" formuliert. Diese können wie folgt aussehen:

- „Meine Eltern haben sich viel gestritten und daraufhin entschieden, sich zu trennen. Ich lasse mit deren Entscheidung auch die Verantwortung bei ihnen."
- „Zwar kann ich nicht begreifen, warum meine Eltern sich scheiden lassen wollen. Doch ich fühle die Trauer und den Schmerz."
- „Ich fühle mich hilflos und weiß nicht, wie mir geschieht. Doch ich bin ein Kind, ein Kind meiner Eltern. Es ist in Ordnung, dass ich in diesem Moment ohnmächtig bin."
- „Die Traurigkeit ist ebenso ein Teil von mir wie die Neugierde, der Frohsinn und das Lachen."
- „Ich bin sauer auf meine Eltern. Sie hätten wissen müssen, was sie mir antun."
- „Die Welt droht zu zerbrechen und ich verstehe nicht, warum. Doch es fühlt sich schrecklich an."

Analyse zu Fall „Leonie"

Analysieren wir Leonies Situation unter dem Ich kann!-Prinzip. Dabei möchte ich drei Aspekte beleuchten, die diese Geschichte besonders prägten:

1. Schuldbewusstsein

Wer trägt die Schuld an der Trennung von Leonies Eltern? Der Vater? Die Mutter? Leonie, weil sie ein zu anstrengendes Mädchen gewesen ist? Oder liegt es an Leonies Großeltern mütterlicherseits, weil sie schlechte Vorbilder für Ehepartner waren? Oder etwa am Opa väterlicherseits, weil er seinen Sohn dutzendfach alleine ließ?

Wenn Sie nicht gerade als Richter tätig sind, möchte ich Ihnen den Tipp geben, sich von der Schuldfrage zu lösen. Sämtliche Faktoren können bedeutsam sein, warum es zur Trennung kam. Das alles zu überblicken scheint mir unmöglich. Doch ich will Sie nicht entmutigen, ganz im Gegenteil: Mir scheint es auch gänzlich unnötig, sich um die gerechte Verteilung der Schuld zu bemühen. Dass wir die Schuldfrage nicht klären können, ist daher ein Segen, kein Fluch.

Ich halte es für sinnvoll, destruktive Schuld gegen konstruktive Verantwortung zu tauschen. Wenn Sie sich manches Mal schuldig fühlen, dann überlegen Sie: Welche Handlungen, Gedanken und Gefühle haben Sie in dieser Situation zu verantworten? Können Sie mit Ihrem Ich-Bereich zufrieden sein oder wünschen Sie sich, dass Sie anders gehandelt hätten? Denken Sie, dass es besser gewesen wäre, hätten Sie andere Worte verwendet?

2 Leonie – Wer kommt der Hilflosigkeit zu Hilfe?

> **3 Ebenen**
>
> Kennen Sie das? Sie wollen abends schlafen, doch „dumme" Gedanken springen ständig in Ihren Kopf? Sie wollen Sport treiben, doch Ihnen fehlt der Antrieb?
> Ich unterscheide drei Ebenen: Die Handlungs-, die Gedanken- und die Gefühlsebene. Wir können aufgrund von bestimmten Handlungen unsere Gedanken und Gefühle beeinflussen. Die stärkste Kraft geht meines Erachtens nach aber von der Gefühlsebene aus. Wenn wir anders handeln oder denken wollen, kommen wir langfristig nicht umhin, mit unserer Gefühlswelt in Kontakt zu treten.

Schuld hinterlässt ein negatives Gefühl, weil es einer Last gleicht, die schwer auf unseren Schultern wiegt. Verantwortung hingegen bemächtigt uns, zielführender zu handeln. Wenn wir für unser Denken verantwortlich sind, so können wir unser Denken schon jetzt in eine neue, bessere Richtung lenken. Dasselbe gilt für jede einzelne Ihrer Handlungen, für jeden einzelnen Satz, den Sie aussprechen. Stehlen Sie sich nicht aus der Verantwortung, übernehmen Sie das Ruder für Ihren Ich-Bereich und lernen Sie aufgrund der gemachten Erfahrungen.

Leonie sagt, sie würde sich sehr häufig schuldig fühlen. Das zeigt uns, dass sie die verschiedenen Umstände in ihrem Leben missbraucht, um ihrem eigentlichen Gefühl – der Schuld – nachzukommen. Ob Diskussion, Streit, Meinungsverschiedenheit: Leonie sucht (unbewusst) nach Schuldgefühlen und findet sie in der Regel auch. Sie könnte stattdessen auch dankbar für die Diskussionen sein, weil sie ihr dienen, ihr Wissen zu erweitern. Oder sich schon während einer Streitigkeit auf die anschließende Versöhnung freuen. Warum kann sie das nicht? Weil für Leonie das Gefühl von Schuld sehr vertraut ist und sie dieses bislang überwiegend verdrängt hat, anstatt es zu verarbeiten. Solange Leonie ihre damaligen Empfindungen von Schuld nicht gelöst hat, werden sie immer wieder zum Vorschein kommen und ihre Wahrnehmung dadurch verzerrt bleiben: Ihr Partner schläft bereits, während sie noch überlegt, böse oder ungerecht gehandelt zu haben.

2. Trennung oder Scheidung

Nicht nur für Kinder ist es schlimm, wenn sich die Eltern trennen oder scheiden lassen. Für Jugendliche oder Erwachsene kann das ebenfalls ein starker Einschnitt sein. Die bis dahin vielleicht „heile Welt" zerbricht und uns ist bewusst, dass sie wohl nie mehr so werden wird, wie sie war.

Die Trennung fällt immer in den Nicht-Bereich, weil mindestens zwei Personen dafür verantwortlich sind. Wenn sich die Eltern trennen, ist das für das Kind sehr schlimm, doch die Trennung braucht das Kind nicht zu verantworten. Das sagt der Verstand, er kann die Trennung einfach dem Nicht-Bereich zuordnen. Doch was bleibt an Gefühlen übrig? Wie ist damit umzugehen?

Jegliche Seelenregung, die das Kind hat, zählt natürlich zum Ich-Bereich. Bei einer Trennung sind dies Trauer oder Wut, manchmal auch Überraschung, wenn das Ende der Beziehung nicht absehbar war. Es liegt in der Verantwortung des Kindes, mit diesen Empfindungen umzugehen. Jetzt fragen Sie sich vielleicht, warum das Kind die Verantwortung dafür trägt. Ganz einfach: Weil es die Gefühle (und damit der Ich-Bereich) des Kindes sind. Die Trennung hat das Kind nicht zu verantworten, die Empfindungen aufgrund der Trennung aber schon. Das ermöglicht gleichzeitig, Veränderungen vorzunehmen.

Doch können wir erwarten, dass das Kind anders reagiert? Vermutlich nicht, weil das Kind sich bereits genügend abgemüht hat, um irgendwie diese Trennung zu verarbeiten. Das Kind hat sein Bestes gegeben, mehr war einfach nicht möglich. Deshalb liegt es jetzt in der Verantwortung des Erwachsenen, sich um sein inneres Kind zu kümmern. Das nachzuholen, was damals teilweise auf der Strecke blieb: das Spüren der eigenen Emotionen.

In welchen Bereich fällt die Trennung aus Sicht des einzelnen Elternteils, beispielsweise der Mutter? In den Ich-Bereich, weil sie sie zu verantworten hat? Nein, wie oben bereits erwähnt, fällt die Trennung immer in den Nicht-Bereich. Das liegt daran, dass für eine Trennung mindestens zwei Personen benötigt werden, wir aber nur für eine Person Verantwortung übernehmen – für uns selbst. Im Gegensatz dazu liegen die Handlungen, die zur Trennung führen können, im jeweiligen Ich-Bereich. Wenn die Mutter sagt, sie möchte sich trennen, sind das deren Worte, diese liegen in ihrem Ich-Bereich. Die tatsächliche Trennung zählt trotzdem nicht zum Ich-Bereich der Mutter. Warum? Weil sich die Mutter zwar vom Vater trennen möchte, für eine tatsächliche Trennung sind aber Handlungen (und Unterlassungen) des Vaters nötig.

Was lernen wir daraus? Je klarer wir die Grenze ziehen zwischen dem, was wir zu verantworten und jenem, was wir nicht zu verantworten haben, umso mehr Energie bleibt für eigenverantwortliches Handeln. Leonie hat die Trennung ihrer Eltern nicht zu verantworten, sehr wohl aber ihre Gefühle, die aus deren Trennung resultieren. Diese Empfindungen anzunehmen und entsprechend zu verarbeiten (weinen, schreien, darüber reden oder schreiben) fällt in ihren Ich-Bereich.

3. Leid

Warum leidet Leonie unter der Scheidung ihrer Eltern? Oder allgemeiner ausgedrückt: Was verursacht Leid?

Leiden können wir nur, wenn es etwas mit uns zu tun hat. Ob wir tatsächlich oder nur scheinbar betroffen sind, ist nebensächlich: Unsere Empfindungen (und diese können unbegründet sein) bestimmen über mögliches Leid. Je stärker wir uns betroffen fühlen, desto mehr Raum für Leid ist vorhanden.

Doch auch die Zeit spielt eine tragende Rolle für die Empfindung von Leid. Wir bedienen uns der Vergangenheit oder der Zukunft, um uns in Leid zu suhlen. Hierzu zwei Beispiele: Leonie könnte denken „Es wird zwischen meinen Eltern nie wieder wie früher", das heißt, sie schwelgt in der Vergangenheit. Oder sie fragt sich, „Wie soll ich mit geschiedenen Eltern jemals wieder glücklich werden?" und denkt an die Zukunft. All das, was war und all das, was kommen wird, zählt zum Nicht-Bereich. Was können wir daraus ableiten? Wenn Leonie leidet, agiert sie nicht mehr im Ich-Bereich, sondern im Nicht-Bereich … und das tut weh.

Aber hatte ich nicht erwähnt, dass die Gefühle zum Ich-Bereich zählen? Wenn wir weinen, dann leiden wir doch auch. Zählt das Leid also zum Ich-Bereich oder zum Nicht-Bereich? Wie kann man das eine vom anderen trennen?

Für mich zählt das Weinen keinesfalls zum Leiden. Wenn wir weinen, leben wir unser Gefühl aus. Wir leiden dann nicht. Erinnern Sie sich, als Sie das letzte Mal intensiv und hemmungslos weinten? Dann wissen Sie, wie befreiend und heilsam es ist – mit Leiden hat das nichts zu tun. Wenn Sie aber traurig sind, ihre Tränen unterdrücken und das Weinen um jeden Preis vermeiden, dann kann schnell Leid aufkommen: Anstelle von Emotionen machen sich Gedanken breit, Sie denken an gestern, heute oder morgen, wechseln vom Ich-Bereich in den Nicht-Bereich. Wenn Sie leiden, verbessert das Ihre Situation nicht. Wenn Sie hingegen weinen oder schreien, verbessert das Ihre Situation sehr wohl, denn es hat positiven Einfluss auf Ihr Empfinden. Sie fühlen sich dann leichter oder freier.

2 Leonie – Wer kommt der Hilflosigkeit zu Hilfe?

> **Die Umstände sind unwesentlich**
>
> Nach Tolle (2007) seien Probleme in Wirklichkeit austauschbar. „Wenn all deine Probleme oder eingebildeten Gründe für Leiden und Unglück wundersamerweise heute von dir genommen würden, du aber zugleich nicht gegenwärtiger wärest, dann würdest du bald in ähnlichen Problemen stecken und ähnliche Gründe finden, um weiter zu leiden." Er geht sogar noch weiter: „Das ist wie ein Schatten, der dir überall hin folgt."

Kommen wir nun auf einen der zentralsten Punkte zu sprechen: Weshalb interpretiert Leonie die Umstände gegen sich? Warum folgt ihr der Schatten überall hin? Sicherlich spielt die Zeit dabei eine Rolle – sie denkt an Vergangenheit oder Zukunft und landet im Nicht-Bereich. Doch da kommt die Frage auf, warum es Leonie nicht gelingt, im Augenblick zu bleiben und im Ich-Bereich zu agieren.

Weil sie unverdaute Situationen und damit offene Konflikte in sich trägt. Diese sind vergleichbar mit einer offenen Wunde, die bei der kleinsten, äußeren Einwirkung zu bluten beginnt. Diese Konflikte sorgen dafür, dass eine Übertragung stattfindet: Leonie projiziert ihre unverdauten Situationen aus der Vergangenheit in die Gegenwart. Was wie eine Qual wirkt, kann in Wahrheit ein großer Segen sein: Wir können das Leiden als ständige Erinnerungshinweise betrachten, um die offenen Konflikte zu lösen und die Wunden damit zu schließen. Dazu müssen wir die damaligen Situationen aufkommen lassen und sie nachträglich verdauen. So kann uns auch der „Schatten", von dem Eckhart Tolle spricht, nicht mehr folgen.

Was wir aus Leonies Fall lernen können

Wir haben auf den vorherigen Seiten einen tiefen Einblick in Leonies Gefühlsleben erhalten. Es schien, als würden die Streitigkeiten in ihrer Liebesbeziehung großes Leid verursachen. Doch bei genauerer Betrachtung wird klar, dass sie nicht der wahre Grund sind, sondern lediglich eine Erinnerung an ein großes Leid. Der wirkliche Konflikt liegt über zwei Jahrzehnte zurück. Diese tiefe Wunde wurde bislang nicht beachtet und blutet noch immer.

Um diese Wunde zu schließen, ist es nötig, in die Gefühlswelt der Sechsjährigen einzutauchen. Verständnis für die Eltern oder Beschwichtigungen jeglicher Art sind hier fehl am Platz. Denn Verständnis und Beschwichtigungen unterdrücken immer wieder die verletzen Gefühle des inneren Kindes. Es geht nicht um das Wissen der Frau Anfang 30, sondern um die Empfindungen des kleinen Mädchens. Wenn es Leonie gelingt, sich auf diese Gefühle einzulassen, kann sie diese beispielsweise in Briefen verarbeiten. Dadurch befördert sie den Schmerz aus dem Bauch auf das Papier – und die Wunde kann heilen.

Eine der größten Möglichkeiten in der Psychotherapie liegt genau darin, unverdaute Situationen aufzuspüren und nachträglich zu verdauen. Offene Konflikte rühren, berühren und rumoren bei jeder Gelegenheit, die sich im Leben bietet. Jedes Mal mit der Chance, vielleicht diesmal erlöst zu werden. In Leonies Beispiel sind dabei die Themen Schuld, Trauer, Streit, Trennung und Hilflosigkeit wesentlich. Wenn meine Klientin diese Konflikte lösen kann, wird sie sich auch in der aktuellen Partnerschaft immer wohler fühlen. Denn die erwähnten „Erinnerungshinweise" sind dann nicht mehr nötig.

Zuletzt möchte ich alle Leserinnen und Leser noch daran erinnern, sich möglichst von der Schuldfrage zu lösen. Urteilen Sie weder über schuldig oder unschuldig, noch über gut oder schlecht. Viele Bewertungen schaden uns mehr, als dass sie uns helfen. Leonie hat keinen Vorteil davon, ihren Eltern aufgrund der Scheidung Vorwürfe zu machen oder sie sich schönzureden. Erst die intensiven Emotionen dienen der Auflösung des Konflikts. Beginnen Sie deshalb uneingeschränkt zu fühlen. Was empfinden Sie jetzt? Wie haben Sie vor fünf oder zehn Jahren empfunden? Wie weit reichen Ihre ersten Empfindungen zurück, wie alt waren Sie da? So stellt sich vieles anders, manches ehrlicher dar.

Literatur

Tolle, E. (2007). *Jetzt! Die Kraft der Gegenwart* (S. 72). Bielefeld: Kamphausen.

3

Marie – Wenn die Ehe zu zerbrechen droht

Ich weiß nicht, ob es besser wird, wenn es anders wird.
Aber es muss anders werden, wenn es besser werden soll.
Georg Christoph Lichtenberg

Dieser Fall zeigt, dass Klienten auch über witzige Wege zu mir finden können: Eine Frau am Obststand hätte mich schon im vergangenen Sommer empfohlen, jetzt wollte Marie dieser Empfehlung nachkommen. Da hake ich natürlich nach, welche Früchte sie am Obststand erworben hat. Apfel oder Banane? Und mit Freudschem Scharfsinn kann ich ihr dann mitteilen, wo ihre Probleme liegen … Falsch gedacht. Ich möchte Ihnen mit diesem Ratgeber zeigen, dass Psychologie kein Hokuspokus, sondern verständlich und nachvollziehbar ist. Je mehr ich über meine Klienten erfahre, desto bewusster wird mir, dass die „psychischen Störungen" meist sinnvolle Reaktionen auf schwierige Situationen darstellen. Doch dazu später mehr.

Beginnen wir von vorne: Wie eröffnet man eine Therapie? Gibt es einen Leitfaden, in welchem der „Start" beschrieben steht? Was ist zu Beginn von Bedeutung?

> **3 Fragen im Erstkontakt**
>
> Kanfer et al. (2012) empfehlen, bereits im Erstkontakt mit der Klärung dreier Fragen zu beginnen. Sollten Sie überlegen, selbst einen Therapeuten aufzusuchen, können Sie in Gedanken bereits Antworten auf diese Fragen finden:
>
> 1. Weshalb kommt eine Person zum *jetzigen Zeitpunkt* in Therapie?
> 2. Weshalb kommt die Person zu *mir*?
> 3. *Weswegen* kommt sie in Therapie?

Die zweite Frage hat mir die Klientin schon beantwortet. Doch was ist mit den anderen zwei Punkten? Welche Symptome hat sie, worunter leidet sie? Und gibt es einen konkreten Auslöser, dass sie ausgerechnet jetzt erscheint?

Ihr Mann Gregor und sie seien seit 18 Jahren verheiratet. Sie haben zwei Kinder, einen Sohn und eine Tochter: Max ist 17 und Lina 13 Jahre alt. Gregor habe sich empor gearbeitet und darf sich stolz „Bereichsleiter" eines in der Industrie sehr angesehenen Unternehmens nennen. Er arbeite in der Woche meist über 70 h, sei oft auf Reisen unterwegs, trage viel Verantwortung und das merke man ihm auch an. Das sei wohl der Grund, weshalb sich Marie in ihrer Haut nicht mehr so recht wohl fühle. Sie leide stark unter der Ehe, schlafe schlecht, sei alle naselang krank, könne sich kaum noch konzentrieren.

Bleibt nur noch eine Frage offen: Als ich wissen möchte, warum sie ausgerechnet jetzt komme, schießen ihr Tränen in die Augen. Sie ringt um Fassung, wischt sich die Zeugnisse ihrer Kümmernisse aus dem Gesicht und

3 Marie – Wenn die Ehe zu zerbrechen droht

atmet tief durch. Ihre 13-jährige Tochter Lina hätte sie am Montag völlig aufgelöst gesehen. Sie forderte dann von ihr, sich professionelle Hilfe zu holen. Weil sie sonst keine Ruhe gegeben hätte, kam Marie dem Wunsch der Tochter nach. Jetzt aber sei sie froh, hier zu sein.

Damit wären die drei Fragen auch erledigt. Richtig? Nein! Ein aufmerksamer Therapeut fällt nicht auf diese Manöver rein, er gibt sich nicht mit nichtssagenden Antworten zufrieden. Interessiert es Sie nicht, weshalb Marie so aufgelöst war? Möchten Sie nicht wissen, was in ihr vorging? Vielleicht empfinden Sie das als neugierig und kleinlich, ich aber bezeichne das als interessiert und gewissenhaft. (Unnütze Anmerkung: Wenn zwei das gleiche tun, ist es noch lange nicht dasselbe).

Ich hake also nach. Sie weint erneut. Diesmal aber lauter und länger. Ich reiche ihr ein Taschentuch. Und noch ein zweites, ein drittes. Was muss eine gestandene Frau alles durchlebt haben, um sich von einem Jüngling wie mir ein Taschentuch reichen zu lassen? Manche Menschen kommen schon sehr früh in Therapie, bei den ersten schwierigeren Umständen; andere sehr spät, wenn das Kind beinahe schon in den Brunnen gefallen ist. Marie zählt zweifelsfrei zur letzteren Gruppe. Wobei Maries Kind sie davor bewahren möchte, in den Brunnen zu fallen.

Zurück zum Thema: Wieso kommt sie ausgerechnet jetzt? Eigentlich sei nichts besonderes vorgefallen. Sie hätte eben ein paar Tage im Monat, in welchen sie sich nicht gut genug „beherrschen" könnte. Normalerweise achte sie darauf, dass niemand anderes davon erfährt. Diesmal aber wurde sie von ihrer lieben Tochter überrascht. Marie wisse auch gar nicht, ob man ihr denn helfen könne, schließlich wüsste sie meistens nicht, weshalb es ihr so schlecht gehe. „Im Grunde genommen habe ich ja alles", verteidigt sie sich. Verstand und Gefühl, kennen Sie ja. Wer hat nun Recht? Der Verstand natürlich! Dieser hat *Recht*, aber das heißt nicht, dass es so *ist*. Denn wie es ist, *fühlt* nur das Herz. Dem Anschein nach fühlt Marie nicht die Fülle, alles zu haben, sondern eine trostlose Leere.

„Was versüßt Ihren Alltag?", frage ich direkt. „Meine Kinder. Ich bin sehr froh, sie zu haben", wirft sie prompt in den Raum. Dann folgt eine lange Pause. „Sonst ist da gerade nichts".

Es braucht nicht zu verwundern, dass wir uns „leer" fühlen, wenn wir den Alltag nicht mit schönen Dingen füllen. Man könnte meinen, Marie wäre eine große Ausnahme. Doch Irrtum! Meine Erfahrungen zeigen, dass für viele Menschen das Leben aus Gewohnheiten, Erledigungen und Alltagstrott besteht. Nicht schön, aber auch nicht selten. (Ein schwacher Trost, ich gebe es zu).

Womit spickt sie aber ihren Alltag? Was unternimmt sie, wenn sie keine Freude an ihren Unternehmungen findet? Marie erzählt, sie würde die meiste Zeit des Tages warten. Warten, bis die Kinder kommen und warten, bis ihr Mann nach Hause komme. Sie weint wieder. Manchmal komme er nicht nach Hause, das sei sehr schwierig für sie. Die Geschäftsreisen, Meetings, Sonderveranstaltungen … In ihrem ganzen Leben hätte sie immer Menschen um sich gehabt. Doch nun, da die Kinder größer und eigenständiger werden, befürchte sie, bald vollends allein zu sein. Was andere zu wenig hätten, hätte sie zu viel: Zeit. „Ich stehe morgens auf, frühstücke mit den Kindern, mein Mann muss meistens schon früher raus. Und sobald die Kinder in die Schule gehen, zieht die Einsamkeit in das große, leere Haus … und ich? Ich wurde vergessen." Ein toter, glasiger Blick, der Bände spricht, ohne sich zu regen. Erst die schweren Lider erlösen ihn. Da sitzt mir nun eine Frau gegenüber, geschlossen die Augen, geschlossen der Mund, die Gedanken schwer und die Sinne taub.

3 Marie – Wenn die Ehe zu zerbrechen droht

Man möchte meinen, dass das Heilmittel eines Seelenklempners die Worte sind. Man könnte annehmen, dass er sie richtig zu benutzen weiß. Doch es gibt Momente, in welchen ein Therapeut nicht weiß, was er Tröstendes sagen könnte. Jedes Wort scheint zu viel, überflüssig, fehl am Platz. Dann verzichtet man auf jedes Wort und zieht das Schweigen vor. Schweigen kann sehr heilsam sein. Neben dem Wort benötigt ein Psychologe damit auch das Nicht-Wort in seinem Notfallkoffer.

Diese seltenen, aber heilsamen Augenblicke drücken das Bedürfnis nach Ruhe aus. Deshalb schlage ich Marie eine Atemübung vor, als ihre Lider wieder leichter wirken und ihr Blick wieder Farbe fängt. Nachdem sie eingewilligt hat, atmen wir. Zusammen. Dieselbe Luft, denselben Sauerstoff. Was sie einatmet, atme ich aus – und umgekehrt. Ohne ein Wort zu sprechen, haben wir uns angenähert und damit ein Fundament erschaffen, um therapeutisch erfolgreich zu sein.

> **Atemmuster und Persönlichkeit**
>
> Nach Maurer (2004) drückt sich das Zurückhalten von Impulsen und Erfahrungen in Atemhemmungen aus. Er folgert daraus, dass die emotionale Persönlichkeit im Atemmuster sichtbar wird. Um sich selbst besser kennenzulernen, kann es also sehr hilfreich sein, den eigenen Atem genau zu beobachten. Nehmen Sie sich einige Augenblicke Zeit …
>
> Legen Sie Ihre Hände auf den Bauch, atmen Sie tief ein und ruhig und gleichmäßig aus. Richten Sie Ihre Aufmerksamkeit auf den Bauch. Spüren Sie, wie Ihre Bauchdecke die Finger beim Einatmen anhebt und bei der Ausatmung senkt? Lassen Sie nun den Atem „geschehen", werden Sie zum Beobachter. Was verrät Ihnen Ihre Atmung?

> **Hüten Sie sich vor Abhängigkeiten**
>
> Den Tag nur zu nutzen, wenn man die gewünschten Personen um sich hat; sich nur freuen zu können, wenn andere die Freude registrieren; nur aktiv zu werden, wenn man vom Partner angeschubst wird ... Sobald Sie sich abhängig machen, laufen Sie auf Krücken. Noch schlimmer: Sie warten sogar darauf, dass man Ihnen die Krücken überreicht.
>
> 1. Erkennen Sie, in welchen Abhängigkeiten Sie verstrickt sind und welche Probleme damit verbunden sind.
> 2. Sorgen Sie selbst für Ihr persönliches Glück, machen Sie sich unabhängig und kommen Sie Ihren Bedürfnissen selbst nach.

Obwohl wir das „Normalste der Welt" erwarten, bleibt die Erwartung vielleicht unerfüllt. Das resultiert dann in Hilflosigkeit. Kein schönes Gefühl. Marie scheint sich momentan darin zu „suhlen". Obwohl? Nein, wenn man sich in etwas „suhlt", wird man ja aktiv. Sie aber bleibt passiv. Ist in solch einem Stadium noch Hilfe möglich? Darüber bin ich mir selbst nicht im Klaren, deshalb bediene ich mich eines kleinen Tests: Ich teile ihr mit, dass ich lediglich zwei Wege sehe. Keinen Mittelweg, sondern nur: entweder – oder!

„*Entweder* bleiben Sie weiterhin passiv, das heißt, Sie warten, dass sich Ihr Leben von alleine bessert. Vielleicht tritt Ihr Mann im Beruf kürzer, vielleicht verbringen die Kinder mehr Zeit mit Ihnen, vielleicht zieht eine freundliche Dame in die Nachbarschaft und Sie schließen Freundschaft mit ihr. Es ist nicht ausgeschlossen, dass sich ohne Ihr Zutun Ihre Lage verbessert. Manchmal verharren wir in Winterstarre, doch wenn man lange genug wartet, klopft der Frühling an die Fensterscheibe.

Oder Sie nehmen Ihr Leben selbst in die Hand. Das wäre der deutlich schwierigere Weg. Denn das würde heißen, Sie müssten *aktiv* werden. Über Hindernisse springen

3 Marie – Wenn die Ehe zu zerbrechen droht

und alte Mauern einreißen, die Gewohnheit in die Flucht schlagen und sich aus den Fesseln der Opferrolle befreien. Das klingt nicht nur nach Heidenarbeit, das ist es auch. Sie würden auf diesem Weg auf Herz und Nieren geprüft und jedes Streben nach Bequemlichkeit könnte Sie vom Erreichen des Zieles abhalten. Einen ersten Schritt haben Sie unternommen, indem Sie in meine Praxis gekommen sind – doch das ist erst der Anfang."

Warum rede ich so dramatisch und stelle eine so große Hürde auf? Geht das nicht sanfter, milder, leichter?

Sicherlich. Die Frage bleibt aber, ob es ebenso dienlich wäre. Ich kann keiner Person helfen, die nicht bereit ist, etwas in ihrem Leben zu verändern. Das ist für Therapeuten kräftezehrend und mündet schnell in Hilflosigkeit. Deshalb schütze ich mich davor, indem ich meine Klientin auf die Schwierigkeiten nachdrücklich hinweise. Entscheidet sie sich dazu, all das in Kauf zu nehmen, stehen die Chancen gut, dass sie sich selbst (mit geringer Unterstützung meinerseits) aus der Misere befreit. Ist ihr das aber zu anstrengend, zu schwierig, zu unbequem, so wären alle Sitzungen „für die Katz". Ich gebe Marie Bedenkzeit und bitte sie, sich erneut bei mir zu melden, wenn sie sich für das *Oder* entscheidet.

> **Experiential avoidance**
>
> Der Versuch, unangenehme Gefühle zu vermeiden, wird in der Psychologie „experiential avoidance" genannt. und gilt als Risikofaktor für verschiedene psychische Krankheitsbilder (Greenberg et al. 1993).
>
> Wenn Sie etwas vermeiden, stehen Sie der Veränderung selbst im Weg. Wenn Sie Emotionen wie Wut und Trauer ablehnen, ist es schwierig, an Gefühle von Freude zu kommen.

Leider habe ich Marie seitdem nicht mehr gesehen. Das ist sehr schade, denn die verschiedenen Möglichkeiten, um Änderungen herbeizuführen, wurden schon angestoßen. Mit dem „gemeinsamen Atmen" wurde überdies eine Grundlage geschaffen, um zusammen therapeutisch erfolgreich zu sein. An dieser Stelle endet mein Einfluss als Therapeut. Das Beispiel zeigt sehr deutlich, dass auch in der Psychotherapie Grenzen existieren, die ein Therapeut nicht überwinden kann. Nun bleibt mir nur übrig, Marie zu wünschen, dass ihr das Beste widerfährt – und sie von dem seltenen Glück gesegnet ist, dass sich die verschiedenen Umstände zu ihren Gunsten ändern. (Oder der Mut zur Veränderung eines Tages größer wird als die Angst davor.)

Analyse zu Fall „Marie"

Ob sich Maries Fall durch das Ich kann!-Prinzip untersuchen lässt? Versuchen wir's!

1. Problem und Änderungsbereitschaft

Ein Klient muss ein Anliegen oder ein „Problem" haben, damit ich ihm helfen kann. Als Marie in meine Praxis kommt, macht sie das vorrangig ihrer Tochter zuliebe. Es ist der Wunsch der Tochter, dass Marie einen Therapeuten aufsucht. Dadurch sind nicht die besten Bedingungen für eine Therapie gegeben.

> **Definition: Problem**
>
> Als Problem betrachten von Schlippe und Schweitzer (2007) „etwas, das von jemandem einerseits als unerwünschter und veränderungsbedürftiger Zustand angesehen wird, andererseits aber auch als prinzipiell veränderbar".

3 Marie – Wenn die Ehe zu zerbrechen droht

Wenn ein Klient erscheint, um dem Wunsch von anderen nachzukommen, liegt meist nur eine bedingte intrinsische Motivation vor: Ginge es nach Marie allein, wäre sie wohl nicht zu mir gekommen. Sicherlich kostet es Marie Überwindung, einem Psychologen für eine Stunde einen Besuch abzustatten. Doch wesentlich kräftezehrender ist es, dauerhaft an sich selbst zu arbeiten, neue Wege einzuschlagen und sich von der Erwartungshaltung zu befreien. Da Marie offensichtlich nicht über ausreichend intrinsische Motivation verfügt, bringt sie diese Kraft nicht auf und bricht demzufolge die Therapie vorzeitig ab. Ein Klient sollte sich also seines Problems bewusst sein, wenn er es verändern möchte.

Womit wir beim nächsten Punkt sind: der Änderungsbereitschaft. Voraussetzung für eine erfolgreiche Therapie ist die Bereitschaft meiner Klienten, etwas zu verändern, das heißt, etwas *anders* als bisher zu machen. (Denken Sie mal wieder an Lichtenbergs Worte.) Das Problembewusstsein kann dazu beitragen, die Änderungsbereitschaft zu erhöhen: Je größer das Problembewusstsein ist, desto höher der wahrgenommene Leidensdruck – und dadurch stehen die Chancen gut, dass der Wunsch wächst, sich davon zu befreien. Da kommen wir nicht umhin, einen neuen Weg einzuschlagen.

Intrinsische Motivation, Problembewusstsein, Änderungsbereitschaft: Diese drei Faktoren zählen unweigerlich zu Ihrem Ich-Bereich. Sie können Ihre innere Motivation erhöhen, Sie können das Problembewusstsein steigern, Sie können sich dazu bereit erklären, Änderungen herbeizuführen. Natürlich wäre es leichter, wenn Ihre Motivation „von allein" hoch genug wäre. Das ist sie aber nicht, deshalb: Schluss mit Frust! Nutzen Sie all Ihre Möglichkeiten, nutzen Sie Ihren Ich-Bereich.

Entsinnen Sie sich an das Entweder-Oder? Marie hoffte, dass sich ihre Situation von alleine bessert, sie weiterhin passiv bleiben kann und hat sich somit für das *Entweder* entschieden. Ob ihr Mann weniger arbeitet oder ihre Kinder mehr Zeit mit ihr verbringen, das kann sie nicht beeinflussen. Das alles zählt damit zum Nicht-Bereich. Wer selbst vor Änderungen zurückschreckt und weiter lebt wie bislang auch, muss auf die Milde und Großzügigkeit des Nicht-Bereichs hoffen. Ich drücke jedem, der sich für diesen Weg entscheidet, beide Daumen. Mehr aber vermag selbst ich als Therapeut nicht zu tun. (Wir Therapeuten halten den Raum frei für kleine und große Schritte, doch der Klient muss den ersten Schritt – hinein in den Raum – alleine wagen.)

2. Einfluss in Beziehungen
Marie leidet unter der Ehe mit Gregor. Doch ist sie ihren Leiden hilflos ausgesetzt? In welchen Bereich zählt eine Beziehung – in den Ich-Bereich oder in den Nicht-Bereich? Was meinen Sie?

Ganz so leicht, wie sich die Frage stellen lässt, kann sie nicht beantwortet werden. Wir sollten vorab eine Unterscheidung treffen: Das Zusammenleben der beiden besteht aus den (Nicht-)Handlungen Maries und den (Nicht-)Handlungen Gregors. Was Marie unternimmt oder unterlässt, darauf hat sie Einfluss (Ich-Bereich). Alles darüber hinaus fällt jedoch in ihren Nicht-Bereich, diese Handlungen liegen nicht in ihrer Hand.

Das heißt für Sie: Was der Partner macht, zählt zu Ihrem Nicht-Bereich. Versuchen Sie, das loszulassen und die Verantwortung dafür abzugeben, die brauchen Sie nicht auf Ihrem Rücken zu tragen. Ob er Ihnen den Beziehungsalltag erleichtert oder erschwert, ist nicht Ihre Sache. Manchmal haben Sie Glück, manchmal Pech. Doch die Verantwortung dafür lassen Sie bitte bei ihm!

Wie reagieren Sie, wenn Ihr Partner fröhlich und gut gelaunt ist? Wie reagieren Sie, wenn er einen schlechten

3 Marie – Wenn die Ehe zu zerbrechen droht

Tag erwischt? Ihre Reaktion auf die Aktionen Ihres Gegenübers zählt immer zu Ihrem Ich-Bereich. Prüfen Sie, ob Sie Ihre eigenen Reaktionen zufriedenstellen und ob sie der Partnerschaft förderlich sind. Ob Sie viel Empathie zeigen und auf den Partner eingehen oder nicht, zählt auch zu Ihrem Ich-Bereich. Handeln Sie so, wie Sie es mit sich selbst vereinbaren können.

Werden Sie sich dessen bewusst, dass Sie *freiwillig* diese Paarbeziehung eingegangen sind. Es war Ihr eigener Wunsch, sich auf diesen Partner einzulassen. Dies allein kann helfen, ein anderes Gefühl zu entwickeln. Wenn wir uns bewusst sind, dass wir etwas freiwillig tun, fühlt sich das besser an, als wenn wir meinen, zu etwas gezwungen worden zu sein.

Sie haben viele Streitigkeiten in Ihrer Beziehungskiste, leiden deshalb unter schlaflosen Nächten und permanentem Gedankenkarussell? Sie fühlen sich in Ihrer „schlechten" Liebschaft nicht mehr wohl? Nun versuchen Sie durchzuhalten, auszuharren, die Zeit zu überstehen? Sie sollten nicht aushalten, sondern *innehalten*. Fragen Sie sich: Was können Sie unternehmen, um die Situation zu verändern? Wie können Sie Ihrer Partnerschaft neue Impulse geben? Wie müssen Ihre (Nicht-)Handlungen aussehen, damit Sie sich wieder wohler fühlen?

3. Erwartungen
„Wer erwartet, wartet" singt Max Herre in einem seiner Lieder. Marie sagt selbst, dass sie die meiste Zeit des Tages wartet. Sie wartet auf ihre Kinder, sie wartet auf ihren Mann. Sie weiß mit ihrer Zeit nur etwas anzufangen, wenn ihre Erwartungen an sie erfüllt werden – Kinder und Mann nach Hause kommen. Wie wir in diesem Beispiel eindrücklich sehen, können Erwartungen an andere Personen erfüllt werden … oder aber unerfüllt bleiben. Das hängt nicht von uns ab, fällt damit in unseren

Nicht-Bereich. Wenn wir Glück haben, werden die Erwartungen erfüllt, wenn wir Pech haben, werden sie nicht erfüllt. Ganz simpel.

> **Erwartungen rauben die Freiheit**
>
> Erwartungen lassen uns unfrei werden. Die Erwartung an eine andere Person sorgt dafür, dass jener Mensch darüber entscheidet, ob wir uns gut oder schlecht fühlen. Wird die Erwartung erfüllt, geht es uns gut, wird sie nicht erfüllt, geht es uns schlecht. Wir geben dadurch das eigene Glück in fremde Hände.

Ob wir Erwartungen haben oder nicht, liegt hingegen direkt in unserer Hand, das zählt zu unserem Ich-Bereich. Wir können auch auf Erwartungen verzichten, wir können sie ablegen und uns selbst damit frei und unabhängig machen. Marie könnte die freie Zeit des Tages für sich selbst nutzen, sie in glückliche Augenblicke verwandeln: Ein neues Hobby entdecken, Spaziergänge unternehmen, etwas erschaffen, kreativ sein, Sport treiben, etc. Viele Möglichkeiten, viel Platz für schöne Momente. Dafür benötigt sie weder ihren Mann noch ihre Kinder.

Welche Erwartungen Klienten an die Therapie und den Therapeuten haben, zählt damit auch zum Ich-Bereich der Klienten. Ist der Therapeut so, wie sich der Klient das wünscht? Können die Ansprüche, die an die Therapie gestellt werden, erfüllt werden? In einigen Fällen wird das gut ausgehen, in manchen Fällen wird man enttäuscht werden.

Doch ist es nicht auch gewissermaßen „gut", Erwartungen zu haben? Ist es nicht schön zu wissen, was man braucht und was man nicht braucht in der Therapie? Das will ich nicht bestreiten. Dabei hilft es, unsere Erwartungen von unseren Bedürfnissen zu trennen. Wenn wir unsere Bedürfnisse kennen und versuchen, sie zu erfüllen, fällt das beides in den Ich-Bereich. Wir können das alleine, ohne fremde Hilfe, ohne auf Glück oder einen günstigen Nicht-Bereich hoffen zu müssen. Wenn wir aber Erwartungen an andere stellen, trifft das nicht zu.

Was passiert, wenn wir Erwartungen an uns selbst haben? Überlegen Sie selbst … Wie fühlen Sie sich dadurch? Stärkt Sie das? Geht es Ihnen aufgrund der Erwartungen besser? Wenn Sie Ihren Erwartungen an sich selbst mehr Positives denn Negatives abgewinnen können, dann behalten Sie sie bei.

Was wir aus Maries Fall lernen können

Erinnern Sie sich, wie die ersten Fragen meiner Therapie lauten? Ich möchte nicht nur wissen, weswegen Marie sich in Therapie begibt, sondern auch, weshalb sie zum jetzigen Zeitpunkt zu mir kommt. Dies dient zum einen dem Gesprächsfluss, zum anderen wird dadurch das Problembewusstsein geschärft. Sie werden die Bereitschaft, Änderungen in Ihrem Leben vorzunehmen, dann auf sich nehmen, wenn Ihnen die aktuellen Schwierigkeiten besonders präsent sind.

Sie haben gelernt, dass man nur bedingt Einfluss auf Ehen, Partner- oder Liebschaften nehmen kann. Nehmen Sie Ihre eigenen Handlungen genau unter die Lupe und prüfen Sie, ob sie Sie zufrieden stellen. Was beispielsweise Ihr Ehegatte sagt oder macht, fällt nicht in Ihren Bereich. Werden Sie sich bewusst, dass Sie dafür keine Verantwortung tragen.

Wenn Sie sich das Leben jedoch schwerer machen wollen, als es ohnehin schon ist, sind hohe Erwartungen ein geeignetes Mittel. Beobachten Sie gerne an Ihren Mitmenschen, ob sehr hohe Erwartungen und schlechte Laune in Zusammenhang stehen. Sicherlich stellen Sie dabei fest, dass viele Erwartungen nicht selbst erfüllt werden können und man sich zwangsweise in (unnötige) Abhängigkeiten begibt. Was im täglichen Leben gilt, gilt natürlich auch in der Therapie: Weder Therapeuten noch Klienten sollten zu hohe Erwartungen an eine Therapie stellen. In meinen Augen ist es sinnvoller, die Energie darauf zu verwenden, konzentriert und gewissenhaft zu arbeiten.

In unserer heutigen Zeit ist ausgerechnet die Zeit das vielleicht kostbarste Gut. Doch Zeit zu haben bedeutet nicht, dass damit auch ein Wohlgefühl einhergeht. Immerhin bietet es die Möglichkeit, zur Ruhe zu kommen. Sie entsinnen sich vielleicht an die Atemübung. Probieren Sie sie selbst aus und prüfen Sie, ob Sie sich dabei ganz entspannen können.

Maries Fall zeigt (bedauerlicherweise), dass viele Gewohnheitsmuster nicht durchbrochen werden können. Gerne hätte ich meiner Klientin geholfen, die wirklichen Ursachen Ihres Leidens herauszufinden. Wo rührt Maries Gefühl der Abhängigkeit her? Warum weiß sie nichts mit sich selbst anzufangen? Weshalb kann sie ihre, sonst so kostbare, freie Zeit nicht genießen? Da die Zusammenarbeit ausblieb, kenne ich die Antworten nicht und die Muster werden wohl bestehen bleiben. Doch damit nicht genug, Maries Situation wird sich womöglich noch weiter verschlimmern. Überlegen Sie selbst: Wie wird es ihr in ein paar Jahren ergehen, wenn die Kinder ausgezogen sind? Äußere Umstände können besser oder schlechter werden. „Abwarten und Tee trinken" bringt nur selten den erwünschten Erfolg.

Literatur

Greenberg, L. S., Rice, L., & Elliott, R. (1993). *Facilitating emotional change. The moment-to-moment process*. New York: Guilford.

Maurer, Y. A. (2004). *Durch den Atem die Seele heilen. Ganzheitlich-integrative Atemtherapie für Gesunde, psychosomatisch und psychisch Kranke* (S. 35). Zürich: IKP.

Kanfer, F. H., Reinecker, H., & Schmelzer, D. (2012). *Selbstmanagement-Therapie. Ein Lehrbuch für die klinische Praxis*. Berlin: Springer.

Von Schlippe, A., & Schweitzer, J. (2007). *Lehrbuch der systemischen Therapie und Beratung* (S. 103). Göttingen: Vandenhoeck & Ruprecht.

4

Gerland – Gefühle im Gefrierschrank

Eine Therapie muss das Licht sein für die dunkelsten Verstecke in uns.
Alexander Hüttner

Sympathisch, intelligent, wissbegierig. So wirkte auf mich der schick gekleidete Mann mittleren Alters, der mir nun die Hand reichte und die Praxis betrat. „Warum sucht ein Mann wie er einen Therapeuten auf?", fragte ich mich. Es ist eben nicht auf den ersten Blick ersichtlich, wie es einem Menschen geht.

„Es geht mir gut", eröffnete Gerland den Kennenlerntermin. „Ich stehe mitten im Leben, habe eine Frau und drei Kinder und eine hohe Position in einem Konzern. Ich könnte glücklich sein. Dennoch fragen Sie sich vielleicht, warum ich Sie aufsuche." „Richtig", entgegne ich ihm und die Reise der vielleicht spannendsten Therapieerfahrungen beginnt.

„Zwei- bis dreimal im Jahr", beginnt Gerland, „überkommt mich das Gefühl, dass ich nichts schaffe, nichts kann, nichts wert bin. Schlimmer noch: Ich bin dann sogar der Meinung, eine große Belastung für meine Familie zu sein, und dass es den Vieren ohne mich besser gehen würde. Es gibt keinen konkreten Auslöser für diese plötzliche Wandlung. Meine Frau versucht mich dann zu beruhigen, doch ich möchte am liebsten weinend weglaufen, wie ein kleines Kind, dessen Sandburg kaputt getreten wurde."

„Wann haben Sie denn das letzte Mal geweint?", möchte ich von ihm wissen. „Oh, das ist lange her. Das liegt bestimmt schon 15 Jahre zurück. Damals war ich im Ausland tätig, über 80 Personen unter mir, doch die Zweigstelle wurde geschlossen. Die Kritik meiner Angestellten prasselte dermaßen auf mich ein, dass ich es nicht geschafft habe, alle Tränen hinter meinen Augenlidern gefangen zu halten. Denn seit jeher versuche ich, meinen negativen Emotionen nicht nachzugeben." Negative Emotionen? Nicht nachgeben? Das kann ja heiter werden. Denn wie immer dreht es sich in meinen Therapiestunden nur ums Gefühl.

„Was sind in Ihren Augen schlechte Gefühle?", möchte ich von ihm wissen. „Wut und Frust, Angst und Trauer beispielsweise. Meine Eltern haben mich als Kind gelehrt, dass man seine Empfindungen nicht zeigen soll, insbesondere die schlechten. Deshalb wurde selten gelacht und nie geweint. Als Jugendlicher habe ich im Zorn ein Trinkglas in der Hand zerdrückt, sodass sich die Glassplitter in meine Haut schnitten und das Blut von meinen Fingern triefte. Meine Mutter schrie mich sogleich an, dass man Wut einfach hinunterschlucken sollte, dann wäre das Glas noch intakt und der Boden sauber. Zur Strafe gab es für mich Zimmerarrest." Seit jeher habe er versucht, seine Gefühle zu unterdrücken. Auch freudige Ereignisse, wie das Bestehen der Führerscheinprüfung, nahm er nüchtern hin.

> **Die Vergangenheit beeinflusst die Gegenwart**
>
> Auch jene Gefühlsregungen, welche sich auf vergangene Erlebnisse beziehen, beeinflussen unser momentanes Befinden. „Beim Erinnern an die Vergangenheit spielt aber der ganze Hergang oft eine geringere Rolle als das Ende einer Episode oder Geschichte." Bleckwedel (2008).
> Das bedeutet in der Therapie, dass man für ein gutes Ende sorgen sollte. Die Vergangenheit kann nicht verändert werden, sie ist vorbei. Doch wie ein Klient über seine Vergangenheit denkt und welche Gefühle er dabei empfindet, darauf kann man Einfluss nehmen.

Ich verstand, dass für eine erfolgreiche Therapie die Aufarbeitung seiner kindlichen Erlebnisse notwendig ist. Hatte mein Klient nicht selbst von dem weinenden, davonlaufenden Kind gesprochen, dessen Sandburg kaputt getreten wurde? Darum frage ich ihn nach seiner Kindheit, nach seinen Eltern, Geschwistern und besonderen Ereignissen der ersten Lebensjahre.

„Wie kann ich Ihnen meine Kindheit beschreiben?", überlegt Gerland laut. „Nehmen wir das Bild einer Vase – sie steht auf dem Regal, schmückt das Zimmer, man erfreut sich an dem Anblick, doch vergisst, dass in ihr Leben steckt. Meine Eltern haben vergessen, dass ich Kind war, dass ich toben und rumblödeln wollte, mich vollsauen und Unfug treiben. Doch nein, das Bild der Vase trifft vielleicht nicht ganz zu. Eine schöne Vase kann immer ein Schmuckstück einer Wohnung sein. Ich aber musste leisten, musste funktionieren, musste erfüllen. Nur wenn ich im Sinne meiner Eltern handelte, glich ich einer schönen Vase. Ansonsten kam ich auf mein Zimmer, hatte ruhig und gehorsam zu sein, musste erwachsen sein und anständig. Ja, richtig, Anstand musste ich haben." Dann schweigt er, wird nachdenklich, sein Blick wirkt dabei fast traurig.

„Doch um auf Ihre Fragen zurückzukommen: Geschwister hatte ich keine. Oftmals hatte ich mir Geschwister gewünscht, doch dieser Wunsch hat sich nicht erfüllt. Denn als Einzelkind habe ich mich fast tagtäglich einsam gefühlt. Einsam, nicht nur allein. Einsamkeit, das ist das Stichwort! Um auf Ihre letzte Frage, den besonderen Ereignissen meiner Kindheit, zu kommen, fällt mir nur ein einziges ein: Ich sehe mich vor einer alten, verlassenen Mauer stehen. Es muss am Rande jener Kleinstadt sein, in der ich lebte. Hilfe suchend schweifte mein Blick umher, doch ich konnte nichts Vertrautes erkennen. Kein Schild, an das ich mich erinnerte. Kein Haus, das mir den Weg weisen konnte. Vielleicht war ich 5, vielleicht auch 6. Ganz sicher aber war ich vollkommen orientierungslos und ich hatte keinen blassen Schimmer, wie ich je wieder nach Hause finden sollte. Weit und breit konnte ich keinen Menschen sehen, den ich hätte um Rat fragen können. Wie paralysiert, blieb ich an diesen gestapelten Steinen kleben, als böten sie mir den einzigen Schutz inmitten dieser Wildnis. Bis zum heutigen Tage habe ich mich nicht mehr dermaßen einsam gefühlt wie in diesen Augenblicken. Nein, Augenblick trifft es nicht, denn ein Augenblick wirkt kurz, doch mir schien das Warten endlos. Endlos waren auch die Tränen, die aus meinen Augen quollen, bis selbst die Mauer meinem Blick wegschwamm. Bis heute ist es mir ein Rätsel, wie ich überhaupt an diese Stelle kam. Immerhin erinnere ich mich daran, wie ich zurückkam: Mein Vater lief brüllend auf mich zu, rasend vor Wut, hochrot sein Kopf. Er packte mich fest am Arm und zerrte mich zum Auto, um mich wieder nach Hause zu bringen. An mehr Ereignisse kann ich mich nicht erinnern."

Empathie ist das Fundament einer Therapie: Ich spüre die Verlassenheit, die dieser Junge erlebte. Ich spüre die Einsamkeit, die noch in dieser Mauer wohnt. Man möchte ihm was Tröstendes sagen, etwas, das den Schmerz und die Schwere nimmt. Dem Fünfjährigen kann ich nicht helfen. Doch dem Erwachsenen, der mir gegenüber sitzt, empfehle ich die Meersalz-Dusche – in der Hoffnung, dass das Salz auch die tiefen Wunden von damals schließt.

Meersalz-Dusche

Sie wünschen sich, einmal allen Ballast abzuwerfen und die Leichtigkeit zu spüren, mit der ein Einhorn in den Wolken tanzt? Hier ein einfaches Rezept: Nehmen Sie grobkörniges Meersalz mit in Ihre Dusche und reiben Sie sich damit ein, nachdem Sie Ihre Haut angefeuchtet haben. Lassen Sie das Salz dann drei, vier Minuten auf Ihrer Haut wirken. Zuletzt öffnen Sie nochmals den Wasserstrahl und konzentrieren sich auf Ihren Atem, der nun leichter und leichter wird.

Wenden Sie die Meersalz-Dusche gerne einmal in der Woche an, um Ihre Seele zu entlasten.

„Haben Sie Ihre Hausaufgaben erledigt?", frage ich in der Folgewoche vorsichtig nach. „Das habe ich, sogar mehrfach. Mir schien, als würde ich deutlich leichter aus der Dusche steigen, als ich hineingegangen bin. Zuerst dachte ich, ich bildete mir das nur ein, aber nein, es bestätigte sich jedes Mal aufs Neue. Danke für den Tipp, ich werde das in meinen Alltag aufnehmen." „Gerne, es freut mich, dass Sie etwas Leichtigkeit verspüren konnten."

„Ihre *Hausaufgaben* hatten im Übrigen einen zusätzlichen Nutzen", führt Gerland weiter aus. „Mir ist diese Woche nämlich noch etwas anderes aufgefallen, über das ich mit Ihnen sprechen möchte. Und zwar habe ich mich an weitere Momente meiner Kindheit erinnert. Damals muss ich in der Grundschule gewesen sein, in der 2. oder

3. Klasse. Wenn ich Hausaufgaben bekam, musste ich diese in schönster Schönschrift erledigen, meinem Vater vorzeigen und wenn ihn meine Arbeit nicht zufrieden stellen konnte, zerknüllte er das Blatt und ließ mich alles nochmal schreiben. Ich gab mir immer sehr viel Mühe, doch das bedeutete nicht, dass es den Ansprüchen meines Vaters genügte. An schlechten Tagen musste ich dieselben Aufgaben drei- bis viermal erledigen. Des Öfteren hatte ich dermaßen Angst, dass ich meine Hand zum Schreiben kaum stillhalten konnte. Dann musste ich mich erst beruhigen, wartete ab, um mit ruhiger Hand ein schönes Schriftbild zu erzeugen. Doch wenn er das sah, schimpfte er mit mir, weil ich nichts schaffen würde. Meine Lehrerinnen und Lehrer hatten nie etwas auszusetzen, denn verglichen mit meinem Vater, schienen sie allesamt wohlwollend und mild. Schlimmer als die Hausaufgaben waren aber die benoteten Diktate, die wir mehrmals im Jahr in unser Heft schrieben. Der bärtige Mann am großen Esstisch zu Hause riss mir das Bündel Papiere aus den Händen, schüttelte bei jedem Fehler, von einem Seufzer begleitet, den Kopf und ließ mich das Diktat dann nochmals schreiben. Und nochmals. Und nochmals. Bis kein Fehler mehr zu finden war, bis es war, wie es sein musste: makellos. Perfekt in Semantik, perfekt in Orthografie, nahezu perfekt in Kalligrafie."

„Wann endeten diese Erniedrigungen?" „Das dauerte bis zur 5. oder 6. Klasse, schlicht aus dem Grunde, dass ich keine Fehler mehr beging. Deswegen war zu Hause aber längst nicht alles gut: Mein Vater entdeckte dann, dass man meine Aufsätze ebenfalls verbessern könnte. Ich musste die Ausdrucksweise meines Vaters annehmen, den Satzaufbau, die Struktur meiner Werke ... Pardon, *meiner* Werke ist nicht ganz richtig. Vorrangig waren es ja die Werke meines Vaters, lediglich durch die rechte Hand seines einzigen Sohnes zu Papier gebracht. Es waren nicht meine Gedanken, meine Ideen, meine Fantasien, nein, von mir war da nichts mehr enthalten. In der 7. Klasse bekamen wir einen neuen Deutschlehrer. Als er *meinen* Aufsatz las, glaubte er mir partout nicht, dass ich diese Seiten selbst verfasst hatte. Die Klasse musste ihn dann überzeugen. „Der schreibt immer so!", hallte es durch das Klassenzimmer. Heute würde ich sagen, der Lehrer hatte Recht: Ich habe das nicht verfasst, vielmehr war es die Übermacht meines Vaters, die in mir wohnte. Mit mir hatte das nichts zu tun."

Da erinnerte ich mich an das Bild, das Gerland mir mit der abgestellten Vase vermitteln wollte. Entsinnen Sie sich? „Sie steht auf dem Regal, schmückt das Zimmer, man erfreut sich an dem Anblick, doch vergisst, dass in ihr Leben steckt." Und dann die Korrektur: „Doch nein, das Bild der Vase trifft vielleicht nicht ganz zu. Eine schöne Vase kann immer ein Schmuckstück einer Wohnung sein. Ich aber musste leisten, musste funktionieren, musste erfüllen." Allmählich begriff ich, wie wenig Leben in einem Kind stecken konnte. Leisten, funktionieren, erfüllen müssen – jetzt erst wurde mir klar, wie diese Wörter aufzufassen waren. In diesem Elternhaus wurde nicht gespielt, getollt oder Quatsch gemacht. Es klingt wie ein Bericht über eine Militärkaserne, doch in Wirklichkeit ist es sein Kinderzimmer.

Gerland wird nachdenklich. „Wenn ich auf meine Kindheitsjahre zurückblicke, fällt mir auf, dass ich nie Kind sein durfte. Jeglicher Unsinn war verboten, jegliches Spielen untersagt. Doch das Seltsame daran ist: Erwachsen durfte ich auch nicht sein. Mir war es beispielsweise nicht erlaubt, mit meinem orangenen Fahrrad zur Schule zu fahren. Zu gefährlich! Selbst in der 7., in der 8. Klasse, als längst alle ohne Helm und ohne Vernunft durch die Straßen fegten, musste ich das Rad zu Hause stehen lassen, weil es sicherer war, zu Fuß zu gehen. Dem Bub könnte ja was passieren." „Sie hatten ein Fahrrad, konnten es aber nicht benutzen?", frage ich verwundert nach. „Falsch, ich konnte es sehr wohl benutzen", erwidert Gerland. „Meine Eltern luden das Fahrrad in das große Auto, fuhren mit mir zum Feld und dort durfte ich dann in die Pedale treten. Es war fürchterlich! Ich hatte eine schreckliche Angst, dass mich einer meiner Klassenkameraden sehen könnte. Man könnte meinen, meine Eltern würden mit mir ‚Fahrradgassi' gehen. Wie ein Hund, der sonst an der Leine geht, bekam ich auf diesen paar Hundert Metern meinen Auslauf. Mit diesem orangenen Fahrrad verband ich keine Unabhängigkeit, keine Freiheit, keine Jugend – sondern Scham, nur Scham. Was hätte ich dafür gegeben, dass des nachts ein Dieb diese scheußliche Eierschaukel aus unserem Keller stiehlt. Das war aber nicht der einzige Punkt, in welchem ich Bub sein musste. Als ich auf eine weiterführende Schule gehen wollte, wurde das aufs Schärfste kritisiert. Ebenso mein Studium. Ich musste zu Hause wohnen, hatte zu bestimmter Uhrzeit daheim zu sein, musste ständig um Erlaubnis bitten …"

Ein Kind, das schon erwachsen und ein Erwachsener, der noch Kind sein musste. Die Tragweite dieser verkehrten Welt lässt sich nur schwer abschätzen. Umso mehr verwundert es, dass Gerland meist zufrieden ist, eine Familie hat, einen angesehenen Beruf. Im Allgemeinen geht es ihm ja gut. Er ist aber nicht gekommen, um mir von seiner Kindheit zu erzählen. Er hat mich aufgesucht, um diese eingangs beschriebenen Gefühle loszuwerden: Nichts Wert zu sein, nichts zu können, nichts zu schaffen. Ob das mit seiner Kindheit zusammenhängt? Bestimmt. Aber was kann man da therapeutisch tun? Es ist ungewöhnlich, dass diese Gefühlswallungen nur selten, aber schubartig und so immens auftreten. Noch ungewöhnlicher ist aber, dass nun eine Lösung für diese Sonderbarkeit gefunden werden soll. Freiwillige vor!

4 Gerland – Gefühle im Gefrierschrank

„Ich will ganz ehrlich zu Ihnen sein", melde ich mich zu Wort, „einen Fall wie Sie hatte ich noch nie. Auch keinen vergleichbaren, nichts, das mir Sicherheit geben könnte, dass wir den richtigen Kurs einschlagen. Ich kann mir nicht vorstellen, dass durch bloße Erzählung Ihre Kindheit aufgearbeitet werden kann. Die Orientierungslosigkeit vor der Mauer, die Erniedrigungen bei den Diktaten, die Scham während des Fahrradfahrens. All das schlummert vielleicht noch in Ihnen – teils vergessen, teils verbannt, doch tief im Verborgenen ist es noch vorhanden. Gibt es Möglichkeiten, an die damaligen Objekte zu kommen? Ist das orangene Fahrrad noch vorhanden? Gibt es noch Hefte, mit Ihren Diktaten gefüllt? Die direkte Konfrontation mit den Gegenständen aus jener Zeit öffnet möglicherweise das Tor in Ihre kindliche Welt."

„Ein paar alte Schulhefte werden sich gewiss auftreiben lassen, und was sonst noch im alten Elternhaus steht, werde ich am Wochenende herausfinden. Doch was soll ich mit den Gegenständen anfangen? Was ist meinerseits zu tun?", und schaut mich dabei verwundert an. „Versuchen Sie, all Ihre damaligen Emotionen noch intensiver wahrzunehmen. Lassen Sie dann geschehen, was passiert. Wenn Sie wütend werden, möchten Sie vielleicht schreien. Wenn Sie traurig werden, kommen Ihnen vielleicht die Tränen. Lassen Sie alles zu."

Wir Therapeuten sind gespannt, wie es unseren Klienten seit der letzten Sitzung ergangen ist. Was sich in der Woche bei Gerland wohl getan hat? Eine gewisse Ungeduld war schon in den vergangenen Tagen vorhanden, nun rückt die Antwort immer näher. Ich will wissen, ob Gerland seine Gefühle ausleben konnte. Ob wir den richtigen Kurs eingeschlagen haben? Ob er seine, seit seiner Kindheit verdrängten Empfindungen wahrnehmen konnte? Da, endlich, es klingelt und ich öffne ihm rasch die Türe.

„Wir hatten ja in der vorherigen Sitzung besprochen, dass ich die verschiedenen Objekte meiner Kindheit aufsuchen und meine Gefühle dabei deutlich wahrnehmen sollte", beginnt Gerland zu erzählen. „Leider habe ich es aber nicht in mein Elternhaus geschafft, das hatte verschiedene Gründe, die für Sie unwesentlich sind. Ich hatte bereits überlegt, unseren Termin um eine Woche zu verschieben, doch in der Nacht von Montag auf Dienstag ereignete sich etwas, das ich unbedingt mit Ihnen besprechen möchte."

Pause. Will er meine Geduld auf die Folter spannen? Er nippt an seinem Tee, nicht aus Durst, nicht aus Lust, nein, er ordnet seine Gedanken. Und ich? Ich bin bemüht, abzuwarten, obwohl es mir unheimlich schwer fällt. Was war in dieser Nacht? Was ist geschehen? Da! Endlich, er stellt die Tasse ab …

„Ich hatte einen ganz ungewöhnlichen Traum", beginnt er nebulös. „In diesem Traum war ich aufgeteilt, in zwei Personen. Ein Teil war tot, der andere lebendig. Der tote Teil lag auf einem Gleisbett, ohne Gleis, die Füße aber überragten die Steine und lagen frei. Es sah seltsam aus, wie ich da lag. Der lebendige Teil stand daneben, schaute sich das an, ruhig, fast apathisch. ‚Warum hast Du Dich da nicht rausgeholt?', überlegte er. Es folgte aber keine Antwort, keine Idee, kein Gedanke. Da unten liegt tot das eine Ich und einen Meter weiter steht aufrecht das andere Ich, es lebt, doch rührt sich nicht. Im Hintergrund kam dunkel ein Schatten auf die beiden zu. Er stellt eine Frage, wortwörtlich: ‚Was ist hier los?' Es ist kein Vorwurf und auch keine Aufforderung. Er möchte aber wissen, was vorgefallen ist und sucht nach einer Erklärung."

Irgendwie ist es mir kalt geworden. Ich ziehe die Arme näher an meinen Körper und schlage die Beine übereinander. Einen grotesken Traum hat Gerland mir da erzählt. Ein Mensch, aufgeteilt in zwei. Lebendig und tot. Gruselig. Doch damit nicht genug. Von hinten kommt ein

Schatten, der wissen will, was hier los ist. Ja, was ist hier denn los? Nicht nur der Schatten möchte eine Antwort darauf …

„Was fangen Sie mit dem Traum an, welche Gedanken haben Sie dazu?", frage ich den Mann, der meine Gänsehaut zu verantworten hat. „Ich habe in den letzten Tagen mehrfach darüber nachgedacht, bin aber nicht ganz schlau daraus geworden. Es fühlte sich nicht nur so an, als würde der lebendige Teil zufällig dabei stehen, sondern …" Wieder eine Pause. Offenbar hat Gerland Schwierigkeiten, seinen Satz laut auszusprechen. Es vergehen einige Sekunden. Dann holt er tief Luft und presst aus seinen Lippen „als hätte … als hätte dieser den Tod zu verantworten. Das war Brudermord!"

„Brudermord? Doch wie? Wie kann ein Teil den anderen töten? Von welchem Tod sprechen wir hier?", entgegne ich mit erregter Stimme. Gerland schüttelt den Kopf, „ich weiß es nicht, ich kann es Ihnen nicht sagen. Ich habe niemanden umgebracht."

In diesem trüben Zimmer lassen sich schwer klare Gedanken fassen. Ich stehe auf, öffne ein Fenster, das bringt frische Lust und gibt mir Zeit, die letzten Stunden zu reflektieren. Allmählich nehmen meine Synapsen ihre Arbeit wieder auf: „Das letzte Mal hatten wir besprochen, dass Sie Ihre Emotionen seit Jahrzehnten nicht mehr frei ausgelebt haben. Steckt darin nicht auch irgendwie ein Tod? Betrachten wir Ihren Traum unter dem Aspekt Ihres Gefühlslebens: Gab es nicht ein Gefühlsbündel, das gezeigt werden, das also leben durfte und eines, das unterdrückt, das nicht leben durfte? Denken Sie an den Umgang mit Freude und Wut. Könnte es damit etwas zu tun haben?"

„So habe ich das noch nicht betrachtet", kommentiert Gerland meine Überlegungen. „Vielleicht steht dieser Traum tatsächlich in direktem Zusammenhang mit diesen Therapiestunden. Ich habe Ihnen berichtet, dass ich meine negativen Gefühle nicht äußern durfte. Doch wenn ich ehrlich bin, habe ich es noch immer nicht getan, obwohl ich mir bewusst bin, dass das falsch ist. Es geht sogar über Gefühle hinaus: Ich halte nicht nur einen Teil meiner Empfindungen zurück, sondern einen Teil meiner Persönlichkeit. Ich handele, um den Wünschen der anderen zu entsprechen, nicht meinen eigenen. Wenn ich die Anerkennung meines Umfelds erhalte, meine ich, ich hätte eine gute Leistung erbracht. Mir selbst Anerkennung zu geben, käme mir nie in den Sinn. Auf dem Gleisbett liegt nicht nur die Wut oder die Trauer, da liege ich. Der lebendige Teil ist nur der, der für die anderen sichtbar ist, der nach außen wirkt, der strahlt, der glänzt – der aufrecht steht. Dieser Teil stellt nur die Rolle dar, die ich in all den Jahren angenommen habe, um Anerkennung zu bekommen. Natürlich lebt dieser Teil, und wie! Doch wie viel Leben kann in einem Schauspiel stecken? Und wie viel ist solch ein Leben wert?"

Ist es nicht erstaunlich, wie ein grotesker, äußerst ungewöhnlicher Traum plötzlich von A bis Z Sinn ergibt? Ob die Deutung dieses Traumes richtig ist, kann uns vielleicht kein Traumdeuter dieser Welt sagen. (Wer entscheidet schon über richtig und falsch?) Doch die Erkenntnisse, die wir aus dem schauerlichen Traum gezogen haben, sind kostbar und aufschlussreich. Da kommt mir noch ein Gedanke …

„Wir sollten auch nicht vergessen, warum Sie zu mir in Therapie gekommen sind. Sie hatten berichtet, dass es Momente gibt, in welchen Sie sich gänzlich wertlos fühlen, ja, sich sogar als Belastung für Ihr Umfeld empfinden. Ist das nicht weit weg von dem, wie es nach außen wirkt?

Diese Gegensätze sollten wir nicht unbeachtet lassen. In Ihrem Traum werden diese Extreme vielleicht als Leben und Tod abgebildet."

Gerland nickt. Doch irgendetwas ist mit ihm. Seine Gesichtszüge wirken plötzlich hart, seine Lippen ernst. „Ich spüre gerade", fährt er fort, „wie eine ganze Welle von Wut meinen Körper durchströmt. Ich will kein Brudermörder sein! Ich will diesen Tod nicht zu verantworten haben. Bin ich dem Schatten wirklich eine Rechenschaft schuldig? Oder eine Erklärung? Nein, ich will ihm keine Erklärung geben, denn ich will nicht, dass es zu dieser Situation überhaupt kommt. Hören Sie, Herr Hüttner, seit Jahren habe ich keine Wut mehr empfunden. Jetzt aber ist sie hier. Hier in meinem Blut, das purpurn in meinen Adern fließt. Diese Wut muss hinaus, das habe ich von Ihnen gelernt. Ich möchte keine weitere Zeit verlieren, ich gehe jetzt und suche nach einem Ort, wo ich befreit schreien und schlagen kann. Ich will kein Brudermörder sein, nein, das bin ich nicht."

Ortsgebundene Gefühle

Geben auch Sie Ihren Gefühlen eine Starthilfe und konfrontieren Sie sie mit den Orten, an denen Sie einst starke Empfindungen erlebt hatten. Besuchen Sie Ihren alten Kindergarten, die Grundschule oder das Wohnviertel Ihrer Kindheitstage. Gehen Sie längst vergessene Wege entlang, betrachten Sie die Straßen und Gassen aus damaligen Zeiten. Welche Erinnerungen kommen auf?

Nehmen Sie Ihre Gefühlsregungen noch deutlicher wahr, geben Sie ihnen Raum und lassen Sie ihnen freien Lauf. Vielleicht möchten Sie weinen oder lachen, schreien oder schweigen, toben oder still sein. Jetzt ist die Möglichkeit, jene Emotionen nachträglich auszuleben, die sie aus dem Bewusstsein verbannt haben.

In unserer nächsten Sitzung berichtet mir Gerland, was in dieser ereignisreichen Woche geschehen ist. „Diesmal habe ich meine Hausaufgaben erfüllt", beginnt er scherzhaft. „Nach diesem intensiven Gefühl letzte Woche bin ich nach Hause gegangen, habe in ein Kissen gebrüllt und auf dasselbe eingeschlagen. Ich habe die Wut aber nicht mehr so deutlich wahrgenommen wie in unserem Gespräch und auch keine wirkliche Erleichterung verspürt. Am nächsten Tag probierte ich es nochmal, doch auch da blockierte etwas, hemmte mich etwas; ich kann nicht benennen, was. Als ich am Wochenende dann aber zu meinem Elternhaus fuhr, kam die Wut nochmals auf. Ich nutzte die Gunst des Augenblicks, fuhr rechts ran und tobte mich im Auto aus. Ich schrie so laut, dass irgendwann meine Stimme versagte. Wer mich gesehen hat, mag mich wohl für irre halten, doch was kümmert's mich? Es war dermaßen befreiend, dass ich es jederzeit wiederholen würde. Die Anspannung im Bauch löste sich, sodass ich friedvoll meinen Weg fortsetzen konnte. In meinem Elternhaus lösten die Schulhefte keine weiteren Gefühle in mir aus. Doch als ich vor der Mauer stand, überkam mich die Einsamkeit wieder, die Hilflosigkeit, das Verlorensein. Aus dem aggressiven, unberechenbaren Mann aus dem Auto ist binnen einer Stunde ein trauriges, schwaches Kind geworden. Dann sah ich mich genauer um: Die Mauer war viel kleiner, als ich sie in Erinnerung hatte. Die Plätze rechts und links waren inzwischen bebaut, es fuhren viel mehr Autos vorbei. Dann besann ich mich wieder auf mein Innenleben: Ich wollte alle meine Emotionen zulassen, es war in Ordnung, dass ich einsam war. Ich erlaubte mir auch, hilflos und verloren zu sein, traurig und schwach. ‚Alles darf jetzt so sein, wie es ist', sagte ich mir im Stillen. Im Gegensatz zum Austoben im Auto spürte ich nun keine Befreiung, keine Erleichterung. Aber ich hatte eine Ganzheit in mir empfunden. Zum ersten Mal war ich ein

Mensch, eine Person, nicht wie sonst aufgeteilt, zerrissen, oder in Teile und Bruchstücke zersplittert. Nein, ich war eins, wirklich eins."

„Wie kann ich Ihnen diese neuen Empfindungen am besten beschreiben?", überlegt Gerland. „Ich nehme mal das Bild eines Gartens. Bislang war ich bemüht, dass darin schöne Rosen wachsen, Tulpen, Nelken oder Maiglöckchen. Was nicht malerisch blühte oder sinnlichen Duft versprühte, war Unkraut und musste bekämpft werden. Hinfort mit den Brennnesseln, der Brombeerhecke und der Katzenminze. Ich kämpfte gegen den Wildwuchs, wollte Zucht und Ordnung in der Natur. Nun aber darf alles wachsen, alles gedeihen. Die langweiligen, gräulich-grünen Gräser ebenso wie die zarten Narzissen. Das ‚Unkraut' dulde ich nicht nur, mehr noch, ich möchte es wachsen sehen. Ich kann mich an dem Gesamtbild dieses Gartens erfreuen. Zum ersten Mal fühle ich mich in diesem Garten heimisch."

Suchen wir nicht alle nach einem Garten, der uns Heimat schenkt? Wo unsere Dornen ebenso gern gesehen sind wie die duftende Blüte? Gerland hat diesen Garten in sich selbst gefunden. Und sein einst so kahler Baum des Selbstwertes trägt nun leuchtende Blätter, junge Knospen und bald saftige Früchte.

Analyse zu Fall „Gerland"

Ist dem ganzen noch etwas hinzuzufügen? Ja, denn auch Gerlands Fall lässt sich mit dem Ich kann!-Prinzip begutachten.

1. Kindheit

Allmählich haben Sie verinnerlicht, dass Zeit keine Wunden heilt. Was die Wunden aber tatsächlich heilt, lernen wir am Beispiel von Gerlands Kindheit.

Manche sagen, die Kindheit sei gelaufen, daran könne man nichts ändern. Richtig, diese Zeit ist für uns Erwachsene vorbei, deshalb gehört sie zum Nicht-Bereich. Das ist jedoch nicht alles. Woran wir uns erinnern, wie oft wir an und wie wir über unsere Kindheit denken, das zählt dennoch zum Ich-Bereich. Darin liegt auch der Schlüssel zum (Therapie-)Erfolg.

Zu Beginn der Therapie hatte sich Gerland kaum an Erlebnisse seiner Kindheit erinnert. Doch er hat sich mit seiner Kindheit beschäftigt, darüber gesprochen, darüber nachgedacht. Er hat sich ihr geöffnet, wodurch auch viele Erinnerungen zurückkamen. Diese waren vorrangig leidvoll besetzt, nach und nach erinnerte sich Gerland aber auch an schöne Augenblicke seiner ersten Lebensjahre. Die frischen Brezeln am Sonntagmorgen, die Aussicht auf dem Turm, der am Ortende steht, die 10-Pfennig-Münze, die er als Taschengeld bekam … nachdem Gerland seine leidigen Erfahrungen verarbeitet hatte, konnte er auch die kostbaren Augenblicke sehen, die vorher unter dem Leid verstaubten.

Was lehrt uns das? Nur, weil die Kindheit unveränderlich ist, heißt das nicht, dass sich unser Blick auf unsere Kindheit nicht verändern lässt. Unsere Wahrnehmung lässt sich durch uns selbst beeinflussen. Unsere Erinnerungen lassen sich formen, lassen sich filtern. Wenn wir die Emotionen zulassen, die wir empfinden, wenn wir an unsere Kindheit denken, dann öffnet und weitet sich unser Gedächtnis. Anders ausgedrückt: Natürlich wollen wir uns an die schönen Augenblicke erinnern. Doch an diese kommen wir manchmal nur, wenn wir die unschönen Augenblicke betrachten. Darin liegen, tief verborgen, auch die freudigen Momente.

An dieser Stelle möchte ich Sie noch auf etwas anderes hinweisen: Die Kindheit zieht ihre Fäden teils bis ins heutige Erwachsenenalter. Wenn wir uns damals einsam gefühlt haben, treten Momente der Einsamkeit vielleicht auch heute immer wieder auf. Gerland begegnete im Leben immer wieder den Gefühlen von Schuld, von Trauer, von Hilflosigkeit, von Minderwertigkeit. Einen Gefühlseindruck nur durch die Gegenwart zu erklären, scheint mir ungenügend. Der Damm stoppt das Wasser, aber nicht die Quelle eines Flusses. Wenn Sie vermeiden möchten, dass Sie wie bei ständigem Hochwasser mit den immer gleichen Emotionen überflutet werden, so lege ich Ihnen nahe, den Ursprung dieser ausfindig zu machen. Wann traten die bekannten Gefühle zum ersten Mal auf? Was rührt heute noch in Ihnen, dass diese Quelle nicht versiegt?

2. Einsamkeit

Nur weil wir alleine sind, müssen wir uns nicht einsam fühlen. Nur weil wir einsam sind, heißt das nicht, dass wir alleine sind. Wir Menschen leiden nicht, weil wir alleine sind, sondern weil wir einsam sind. Einsamkeit ist ein Gefühl, von welchem immer mehr Personen betroffen sind. Insbesondere ältere Menschen, die das Altersheim ihr Zuhause nennen müssen, kennen dieses Gefühl besser, als ihnen lieb sein kann.

Weil Einsamkeit kein äußerlicher Umstand, sondern ein tief greifendes Gefühl ist, fällt sie in den Ich-Bereich. Das heißt wiederum, dass wir dafür verantwortlich sind, wir sie verändern können. Aus der Einsamkeit können wir ein Gefühl der Geborgenheit schaffen. Wie ist das möglich? Was ist dafür notwendig?

Ich möchte auf zwei Ebenen ansetzen, auf der äußeren und inneren Ebene. Auf der äußeren Ebene können wir dafür sorgen, dass wir mehr Menschen sehen, mit mehr Menschen reden und uns mit mehr Menschen treffen. In den eigenen vier Wänden begegnen Sie weniger Gesichtern als im Supermarkt oder im Park. Besuchen Sie ein Theater, engagieren Sie sich in einem Verein, füllen Sie ein Ehrenamt aus oder kaufen Sie an einem Tag die Butter und am nächsten das Brot. Schaffen Sie Gelegenheiten, viele Menschen zu sehen. Halten Sie die Augen offen, ob Sie jemandem behilflich sein können, fragen Sie Personen statt Smartphones, spielen Sie mit Kindern statt Tablets. Soweit zur äußeren Ebene.

Die innere Ebene gestaltet sich etwas diffiziler. Hier wenden wir uns dem wirklichen Empfinden zu. Das bedeutet, dass wir unsere Empfindungen bezüglich der Einsamkeit verändern. Ob wir dabei alleine sind oder nicht, ist unwesentlich. Wie das geht? Indem wir dem Gefühl Raum geben, anstatt es zu unterdrücken. Spüren Sie in sich hinein und lassen Sie Ihre Einsamkeit uneingeschränkt zu. Vielleicht mischt sich auch Trauer oder Wut mit ein, was auch passiert: Halten Sie kein Gefühl zurück! Herz über Kopf, es ist soweit.

> **Übung: Zulassen statt Unterdrücken**
>
> Sie glauben mir nicht, dass es sinnvoll sein kann, ein Sentiment wie Einsamkeit, Trauer oder Wut zuzulassen? Dann probieren Sie es direkt selbst aus: Nehmen Sie Ihre Gefühle wahr und konzentrieren Sie sich dabei auf das Gefühl, das am stärksten hervortritt. Legen Sie das Buch beiseite und bemühen Sie sich, diesem Gefühl nachzugeben. Geben Sie ihm Spürraum. Hören Sie auf, es in eine Richtung lenken zu wollen. Werden Sie ein aufmerksamer Beobachter, schauen und fühlen sie, was mit dieser Emotion passiert. Ohne Bewertung, ohne Richtung, ohne Ziel.

Um sich aber auch dauerhaft von Ihrer Einsamkeit zu befreien, rate ich Ihnen, diesen Empfindungen immer wieder nachzugeben. Steigen Sie in das Gefühl der Einsamkeit ein, lassen Sie es zu. Erinnern Sie sich daran, wann Sie in Ihrem Leben ebenfalls einsam waren? Vielleicht kommen Bilder aus Ihrer Kindheit oder Jugend, vielleicht entsinnen Sie sich an schmerzhafte Abschiede. Beschreiben Sie die Situation, beschreiben Sie Ihre Gedanken, beschreiben Sie Ihre Empfindungen. Wehren Sie sich nicht, unterbinden Sie es nicht, sondern wälzen Sie sich darin.

Was bleibt dann noch für den Nicht-Bereich? Nichts, weil die Tinte leer ist.

3. Nächtliche Träume

Manche Menschen träumen viel, andere sehr selten. Manchmal fällt es uns leicht, Träume zu deuten, manchmal glauben wir, der Traum sei „Quatsch". Es geht aber nicht um den Traum, nein, es geht um Sie!

> **Keine Erinnerung an Ihre Träume?**
> Pöppel (1985) stellt kurz und bündig die Theorien dar, weshalb sich manche Menschen nicht an ihre Träume erinnern können. Der Tiefenpsychologie zufolge wird unser Bewusstsein vor den unerfreulichen Inhalten geschützt und die Erinnerung an den Traum meist verdrängt. Nach Carl Gustav Jung könnte das Nicht-Erinnern aber auch bedeuten, dass der Schlafende seelisch ausgeglichen ist. Eine andere Deutung beschäftigt sich mit der Relevanz: Ist der Traum nicht intensiv genug oder schlicht zu langweilig, kann er ebenfalls nicht erinnert werden.

Daher rate ich Ihnen zu reflektieren, welche Gefühle und Gedanken Sie im Traum hatten. Je mehr Sie sich an Details Ihres Traums erinnern, desto besser kommen Sie an die dabei empfundenen Emotionen heran. Ich gehe davon aus, dass Träume ein Mittel unseres Unterbewusstseins ist, um uns auf Gemütsbewegungen hinzuweisen, die wir beiseite geschoben haben. Aus dieser Warte betrachtet, können Sie nun Ihre vergangenen Träume Revue passieren lassen. Haben Sie wiederkehrende Träume? Welche Gefühle spielen eine besondere Rolle? Gibt es Träume, die bis in Ihre Kindheit zurückreichen, an die Sie sich aber dennoch erinnern?

Blicken wir auf Ihren Ich-Bereich: Die Empfindungen, die Sie im Traum haben, sind Ihre Gefühle. Ob Traum oder nicht Traum, ist vollkommen bedeutungslos. Warum? Ihre Angst hat das Laken trotzdem nass geschwitzt, wenngleich Sie nicht vor dem Mörder geflüchtet sind, sondern ruhig im Bett lagen. Versuchen Sie, diese Sichtweise zuzulassen und Ihren Träumen Gehör zu schenken. Sie kennen doch den Versuch der sauren Zitrone – Probanden, welche sich lediglich vorstellen, da hineinzubeißen, produzieren unbewusst Speichel. Es geht also nicht um das, was in der Welt passiert, sondern darum, was in Ihnen passiert.

Hatte ich oben nicht geschrieben, dass manche Menschen selten träumen? Falsch. Wissenschaftler zeigen uns, dass wohl jeder Mensch in den Schlafphasen mehrfach träumt. Doch was nützt Ihnen dieses Wissen, wenn Sie sich nicht an Ihre Träume erinnern können? Ich halte es deshalb für sinnvoll, mit den Informationen zu arbeiten, die für uns greifbar sind. Gerland hat sich an diesen einen, grotesken Traum erinnert, dieser Traum war für ihn also greifbar. Deshalb sollte er diesen Traum nutzen, um an seine verborgene Gefühlswelt zu kommen. Die Gegensätze von Leben und Tod, der dunkle Schatten, die offene Frage – häufig scheinen Träume verwirrend und es ist schwer, einen Nutzen daraus zu ziehen. Fragen Sie sich in solch einem Fall: Welche Bedeutung hat Leben und Tod für Sie? Was verbinden Sie mit diesem Gegensatz? Ich wiederhole: Es geht nicht darum, welchen Sinn das im Allgemeinen hat, sondern darum, welchen Sinn Sie allein dem Ganzen geben.

In den Nicht-Bereich fällt hingegen, welche Bilder im Traum verwendet werden, an wie viele Bilder Sie sich erinnern, welche Personen anwesend sind, was gesprochen wird, was im Traum geschieht. Und auch, ob Sie den Schlüssel zur Lösung finden. Das alles können Sie nicht beeinflussen. Sie können versuchen (Ich-Bereich!), Einfluss zu nehmen. Es kann helfen, abends schöne Musik vor dem Einschlafen zu hören oder die wilden Gedanken auf ein Papier zu bringen. Aber, ob dadurch die Träume angenehmer werden, ist nicht Ihre Sache, bleibt also Nicht-Bereich.

Was wir aus Gerlands Fall lernen können

Puh, atmen wir erst einmal tief durch. Nach all der Aufregung ein wenig Ruhe, ehe wir mit wachem Sinn einen Rückblick wagen:

Gerland hat professionelle Hilfe aufgesucht, weil er zwei- oder dreimal im Jahr das Gefühl hat, nichts wert zu sein und am liebsten davonlaufen würde. Die Frage nach den Auslösern seiner Nervenzusammenbrüche konnte er nicht beantworten. Doch auf der Suche nach einer Erklärung begegnete er vielen verdrängten Erinnerungen.

Das Bild der Vase drängt sich auf: Blödsinn treiben und Quatsch machen gab es nicht. Ein kleiner Rabauke will nicht leisten und funktionieren, sondern Freiheiten genießen. Doch für Gerland waren Freiheiten nur böhmische Dörfer. Er musste Diktate schreiben, während andere Purzelbäume schlugen.

Wir stellen fest, dass manch Wunde aus Kindertagen noch nachträglich genäht werden muss. Reißen Sie alle Mauern ein, damit auch Ihre Einsamkeit fliehen kann. Aufgrund zunehmender Isolation in unserer Gesellschaft, ist das Thema brandaktuell. Schauen Sie das an, wovor Sie bislang weggeschaut haben. Wenngleich sich die Vergangenheit nicht ändern lässt, so können Sie den Blick darauf jederzeit korrigieren. Dann wird auch der Kelch der Einsamkeit getrost an Ihnen vorübergehen.

Sie haben gelernt, dass nicht die Bilder eines Traumes, sondern die Gedanken und Empfindungen bezüglich des Traumes relevant sind. Überlegen Sie, welche Träume Sie noch heute in Erinnerung haben, wie Sie sie deuten und was diese Interpretation mit Ihnen macht.

Doch Gerlands Fall hatte noch ein weiteres, großes Thema zu bieten. Er zeigte, dass Außendarstellung und Innenleben teils weit voneinander entfernt sind. Schein oder Sein? Wir haben selbst in der Hand, worauf wir Wert legen. Oder muss sich erst ein Teil von uns tot aufs Gleisbett legen, ehe wir begreifen, wie mächtig unsere Gefühlswelt ist? Wir können sie jahrzehntelang unterdrücken, doch sie kommt immer wieder an die Oberfläche. Um diese Emotionen noch stärker zu empfinden, ist es ratsam, vergessene Orte wieder aufzusuchen. Fahren Sie in die Straße, in der Sie einst aufgewachsen sind. Besuchen Sie alte Schulen und Spielplätze. Woran erinnern Sie sich? Was erleben Sie? Lassen Sie Ihren Gefühlen freien Lauf.

Literatur

Bleckwedel, J. (2008). *Systemische Therapie in Aktion. Kreative Methoden in der Arbeit mit Familien und Paaren* (S. 147). Göttingen: Vandenhoeck & Ruprecht.

Pöppel, E. (1985). *Grenzen des Bewußtseins. Über Wirklichkeit und Welterfahrung* (S. 108 f.). Stuttgart: Deutsche Verlags-Anstalt.

5

Amelie – Ein heiliger Schwur, der ewig währt?

Das Lächeln ist die Kurve, die alles wieder gerade biegt.
Phyllis Diller

Amelie ist Abteilungsleiterin eines mittelständischen Unternehmens in Baden-Württemberg. Einer ihrer Mitarbeiter hat ihr vergangenen Montag die Kündigung überreicht. Für die 41-Jährige war das unerwartet, hatte sie doch erst vor gut einem Monat ein Mitarbeitergespräch mit ihm geführt. In diesem hatte er Amelie versichert, dass er mit der aktuellen Situation vollkommen zufrieden sei. Dass er ohne Vorankündigung nun das Handtuch wirft, war wohl für niemanden abzusehen. Nach einigen schlaflosen Nächten und gedankenverlorenen Arbeitstagen findet Amelie über eine nahe Verwandte den Weg in meine Praxis.

Natürlich verwundert es einen Therapeuten, weshalb eine Kündigung eines Mitarbeiters dermaßen aufs Gemüt schlägt. Sie sei erst seit 2 Jahren in dieser Position und bislang habe noch nie ein Mitarbeiter gekündigt, erläutert Amelie. Das sei ein Novum für sie. Ob sich ihr Zustand dadurch rechtfertigen lässt? Welche Gründe könnten für Amelies Verhalten vorhanden sein? Was empfindet sie für ihren Angestellten?

> **Die Reise ins Licht**
>
> Psychotherapie verstehe ich als eine Art Reise aus den dunklen Tiefen des Unterbewusstseins in die lichten Landschaften des Bewusstseins. (Was im Dunkeln begraben liegt, können wir nur ahnen.) Wollen wir uns auf den Weg machen und Fuß vor Fuß setzen, denn das Licht wartet bekanntlich am Ende des Tunnels …

Amelie versichert mir, dass sie keinerlei tiefere Gefühle für ihren Mitarbeiter habe. Die beiden verbinde eine reine Geschäftsbeziehung. Deshalb könne sie sich nicht erklären, weshalb sie sich durch die Kündigung dermaßen aus der Bahn geworfen fühle. Die Leistungen des Angestellten seien durchschnittlich, und sie betrachte ihn daher als ersetzlich. Es bestehe die Möglichkeit, leistungsstärkere oder teamfähigere Mitarbeiter zu finden. Trotzdem bleibe diese Wunde offen. „Manchmal fühle ich mich, als hätte ich eine ‚Beziehung' zu ihm", plaudert Amelie heraus und lacht dabei hämisch über sich selbst.

Nicht selten sind es diese kleinen, beiläufigen und unscheinbaren Einschübe, die uns Therapeuten einen Schritt nach vorne bringen. Eine flüchtige Demaskierung, die das Verborgene ahnen lässt und stutzig macht: Wieso Beziehung? Und weshalb lacht sie dabei? Sind die Schmerzen so groß, dass sie verlacht werden müssen? Glücklicherweise muss ich mir diese Fragen nicht selbst beantworten. Amelie zeigt eine große Therapiebereitschaft, auch

„Compliance" genannt. Sie möchte ihre Situation verändern und steht deshalb auch gerne Rede und Antwort. Ich frage sie, ob sie aktuell eine Liebesbeziehung führt, doch sie verneint. Einige Minuten später hat sie viele Informationen über sich preisgegeben, wovon ich die bedeutendsten hier kurz zusammentrage:

> **Gesprächspsychotherapie**
>
> Nach dem Begründer der Gesprächspsychotherapie Carl Rogers sind drei Merkmale für eine erfolgreiche Therapie unablässig (vgl. Rogers 1957):
>
> 1. Empathie: Der Therapeut muss sich in den „inneren Bezugsrahmen" des Klienten hineinversetzen können.
> 2. Akzeptanz: Meint die unbedingte Wertschätzung des Klienten. Die Akzeptanz ist weder an Bedingungen noch an Verhalten geknüpft.
> 3. Kongruenz: Zusätzlich soll das Verhalten des Therapeuten offen und echt sein. Ohne Echtheit sind die Punkte 1 und 2 wirkungslos.

Ihre letzte Partnerschaft läge beinahe fünf Jahre zurück und dauerte etwa 4 Jahre an. Ihr damaliger Partner, Samuel, sei die „Liebe ihres Lebens" gewesen. Doch insgesamt litt sie sehr unter dieser Beziehung. Samuel wollte sich beispielsweise nicht mit ihr in der Öffentlichkeit zeigen, wendete sich vor seinen Freunden von ihr ab, ließ manchmal tagelang nichts von sich hören. Er hielt die Liebesbeziehung geheim und sah es nicht als nötig an, treu zu sein. Obwohl dessen Seitensprünge Amelie mehrfach zu Ohren kamen, blieb sie bei ihm. Rückblickend bezeichnet sie sich als „naiv". Trotzdem kann sie ihre unbändigen Gefühle bis heute nachempfinden. Das altbekannte „Es ging nicht ohne ihn, aber auch nicht mit ihm" presst sie aus ihren Lippen. Und ein Blick in ihr Gesicht verrät die Schmerzen, die sie erlitten.

Ich hake nach, was sie damals am meisten verletzt hat. „Immer und immer wieder das Gefühl vermittelt zu bekommen, dass man unerwünscht sei. In einem Moment war ich seine große Liebe, im nächsten daran schuld, weshalb es ihm schlecht geht. Morgens wacht er neben mir auf und abends auf der Party kennt er mich nicht. Das war das Schlimmste." Obwohl inzwischen viel Wasser den Rhein hinab geflossen ist, kullern frische Tränen über ihre Wangen. Ich reiche ihr ein Taschentuch.

Klienten fühlen sich schlecht, wenn sie in einer Therapiestunde in Tränen ausbrechen. Therapeuten sind erfreut, wenn das geschieht. Nicht, weil wir sadistisch veranlagt sind. Sondern weil es ein Zeichen der Veränderung ist: Etwas kommt in Gang, es bewegt sich etwas, es löst sich etwas. Bildlich gesprochen die Träne, die den Augäpfeln entrinnt. Denken Sie an Lichtenbergs Worte: „Es muss etwas anders werden, wenn es besser werden soll". Wenn Amelie weint, ist zumindest etwas „anders" geworden.

Kaum hat sie ihre Augen und Wangen trocken getupft, meint sie neckisch, dass ich sicher schon viele Frauen zum Weinen gebracht hätte. Klienten fühlen sich gut, wenn sie in einer Therapiestunde dem Psychologen etwas Privates entlocken können. Wir Seelenklempner sind aber wenig erfreut, wenn das geschieht. Deshalb geschieht das auch nicht. Basta! Als hätte es ihre Frage nie gegeben, komme ich schnell zum Thema zurück:

„Haben Sie heute noch Kontakt zu Samuel?" Sie schüttelt den Kopf. Ab und an begegne sie ihm aber zufällig auf der Straße. Dann empfinde sie rasende Wut und blanken Hass. Sie könne nicht verstehen, weshalb er sie damals so behandelt habe. Sein Verhalten habe sie ihm nie verziehen. Als Therapeut habe ich gelernt, dass sich hinter der Wut häufig eine Art „Trauer" verbirgt, welche zurückgehalten und nie in vollem Umfang ausgelebt wurde. Sofern wir uns vorwärts bewegen möchten, ist es manchmal nötig, die Steine der Vergangenheit aus dem Weg zu räumen. Sie meinen, ich streue Salz in die Wunde? Salz werden sie in meiner Praxis keines finden, das versichere ich Ihnen. Brennen wird es trotzdem, obwohl die Rauchmelder keinen Alarm schlagen.

Wohin mit der Wut? Ich bitte Amelie, zu Hause ihre Kissen als Boxsack zu missbrauchen. Wohin mit den Schmerzen? Hier kann es hilfreich sein, in den Wald zu gehen, mit dem Auto an einen abgelegenen Platz zu fahren oder eine Lärmschutzkammer aufzusuchen und sich all das Leid von der Seele zu schreien. Besser sie zieht selbst Ohrenschützer an, denn ihre Lauscher sollen intakt bleiben. Bleibt die Frage offen, wie Amelie an ihre Trauer kommt. Nichts ist so heilsam wie ein Taschentuch – sie soll es zu benutzen lernen und sich mit nicht weniger als einer ganzen Packung zufrieden geben. Sie möge schreien, brüllen, toben, bis ihre Gedanken freier, die Empfindungen leichter und die Vorfreuden auf den nächsten Tag größer werden.

> **Viele Wege führen zum Ziel**
>
> Sie haben aber schon gehört, dass man unliebsame Gedanken auch auf eine Wolke packen und sie mit ihr weiterziehen lassen kann? Oder von 1071 in 7er-Schritten abwärts zählen, um auf andere Gedanken zu kommen? Das wäre Ihnen lieber, weil Sie sich dann nicht mit dem Unglück von damals konfrontieren müssten? Probieren Sie es aus, ich drücke Ihnen die Daumen, dass es gelingt. Zweifellos ist das der einfachere, bequemere Weg. Doch ob er auch auf Dauer zielführend ist, sei dahingestellt. Meine persönlichen und therapeutischen Erfahrungen lassen anderes vermuten.

Wenn wir einem Ereignis nichts Positives abgewinnen können, wird es äußerst schwierig, dieses zu akzeptieren und gehen zu lassen. Es gleicht dann einer Wunde, die nicht aufhört zu bluten. Daher frage ich gezielt bei Amelie nach, welche positiven Aspekte sie mit dem Liebesverhältnis assoziiere. Was hat sie aus dem ewigen Hin und Her gelernt? Wo liegt ihr Nutzen aus der damaligen Zeit?

Es wird still um uns und wenn man aufmerksam ist, hört man die Stille sogar lauter werden. Schwierige Fragen brauchen Luft zum Atmen. Ich kippe das Fenster und setze mich wieder. Als ich die nächste Frage formulieren möchte, holt sie plötzlich tief Luft. „Nun", beginnt sie mühsam, „es war keine schöne Erfahrung, aber es war eine Erfahrung ... Die Zeit mit ihm will ich nicht missen, weil mich die Partnerschaft reifer gemacht hat. Zudem habe ich vieles daraus gelernt, auch im Nachhinein." Sie überlegt noch einen Moment und führt dann weiter aus: „Ich kann noch bestimmter sagen, was ich nicht mehr hinnehmen, nicht mehr dulden möchte. Ich möchte weder die zweite Geige spielen noch der Notnagel sein!" Dann schaut sie mich erschrocken an und fügt kleinlaut hinzu: „Tut mir leid für meine Ausdrucksweise".

Ich entgegne ihr, dass sie sich dafür nicht zu entschuldigen brauche. Der Ursprung der Problematik scheint in ihrer Gefühlswelt verankert zu sein, deshalb werden wir dort auch die Lösung finden. Das heißt aber auch, dass wir in diese Gefühlswelt eintauchen müssen. Was kann da nützlicher sein, als die Emotionen ohne störenden „Vernunftsfilter" nach außen dringen zu lassen? Deshalb bitte ich Amelie, in unseren Sitzungen besser kein Blatt vor den Mund zu nehmen – „das beschleunigt die Therapie und erweitert meinen Wortschatz", schmunzle ich.

Bedürfnisse

Sicherlich haben wir alle bestimmte Bedürfnisse in der Partnerschaft. Ansonsten würden wir eine solch intensive Bindung wohl gar nicht eingehen. Bedürfnisse zu haben ist

5 Amelie – Ein heiliger Schwur, der ewig währt?

> die eine Seite, sie aber auch zu kennen eine andere. Kommen Sie sich daher selbst auf die Schliche:
> Was brauchen Sie in einem Liebesverhältnis? Was tut Ihnen daran gut? Was wünschen oder erhoffen Sie sich in der Partnerschaft? Und darüber hinaus: Was können Sie sich selbst nicht geben? Was soll durch Ihren Partner kompensiert werden?
> Je klarer wir uns selbst sehen, desto eher finden wir, wonach wir suchen.

„Warum haben Sie es zugelassen, dass Samuel so mit Ihnen umgeht? Warum haben Sie sich nicht aus der Beziehung befreit, wenn Sie darunter litten? Warum ging es nicht ohne ihn?", hake ich bei Amelie nach. Das hätte sie sich auch schon gefragt, doch keine zufriedenstellende Antwort darauf erhalten. Irgendetwas scheint immer für ihn gesprochen zu haben, sie habe ihn vor allen anderen verteidigt, habe ihm alles verziehen. Ob es ihr Herz sei, wisse sie nicht. Sie vermute aber, dass es noch tiefer begraben läge.

Vielleicht war es der Ausdruck meiner neugierigen Augen, vielleicht war es ihr Mitteilungsbedürfnis – etwas veranlasste Amelie, ihr Innerstes zu offenbaren. „Das, was ich Ihnen jetzt erzähle, weiß niemand", begann sie verheißungsvoll, und die Einleitung hielt, was sie versprach: Denn was folgte, war eine Geschichte, wie sie nur das Leben selbst schreibt. Wurde ich nicht neulich gefragt, ob ich im Kino gerne Thriller sehen würde? Lachend antwortete ich, dass ich Therapiesitzungen hätte – in der ersten Reihe. (Wenn es Sie vor Grusel gruselt, überspringen Sie bitte den nächsten Absatz).

Im vergangenen Jahr habe Amelie durch eine Freundin von einer Frau erfahren, die als „Medium" bezeichnet würde. Ein Medium könne hinter die grobstoffliche, uns vertraute und bekannte Welt in die feinstoffliche, uns nicht zugängliche Welt blicken. Dadurch würde man

Dinge erfahren, die für uns unvorstellbar seien. Amelie war fasziniert und skeptisch zugleich. Doch die Faszination nahm überhand, und so entschloss sie sich, dieses Medium aufzusuchen. Im Haus dieser Frau angelangt, wurde Amelie über eine kleine, uralte Holztreppe in den Keller geführt. Ein enger Raum, ein düsteres Licht, ein betörender Duft nach Tannennadeln und Lavendel: „Mir wurde ganz unbehaglich", flüsterte Amelie mir zu. Doch sie sei damals ja nicht gekommen, um sich wohl zu fühlen. Schon bot ihr die alte Frau eine schwere, graue Liege an. Dort entspannte sie sich dann. Ihr wurden verschiedene Fragen gestellt, und einige Male Atem- und Entspannungsübungen eingestreut. Die fremde Frau hätte Fakten aus Amelies Leben genannt, die sie eigentlich nicht hätte wissen können. Nach und nach habe Amelie „Bilder" sehen können und Informationen über ihre Vergangenheit „erfahren". So kenne sie Samuel bereits aus einem vergangenen Leben; er sei damals ihr Bruder gewesen. Sehr früh hätten sie ihre Eltern verloren und sich geschworen, sich „niemals gegenseitig im Stich" zu lassen. Was aus diesem Vorsatz folgte, lässt sich leicht schlussfolgern: Eine Liebe, die nicht ausreicht, um partnerschaftlich zu genügen, und die gleichzeitig zu groß ist, um voneinander zu lassen. Ja, nicht ohne, aber auch nicht mit ihm ... Erinnern Sie sich?

Fragen Sie sich, ob das Medium die Wahrheit kundgetan hat? Sie zweifeln, ob man das alles für bare Münze nehmen darf? Und möchten wissen, ob ein Psychologe solch einer Geschichte auf den Leim gehe? Ich muss Sie leider enttäuschen: Inwieweit Amelies Erfahrungen auf „echten" Begebenheiten gründen, spielt für mich als Dienstleister nur eine untergeordnete Rolle. Von großer Bedeutung ist mir aber, wie meine Klientin mit dieser Sonderbarkeit umgeht und ob sie ihr eine Hilfe darstellen kann.

5 Amelie – Ein heiliger Schwur, der ewig währt?

Amelie führt aus, sie habe nach dieser mysteriösen Erfahrung einige Tage gebraucht, um das zu verarbeiten. Doch allmählich hätte sie sich besser gefühlt. Sie habe sich vorher nie erklären können, weshalb sie sich nicht einfach von Samuel lossagen konnte. Von diesem schwindelerregenden Gedankenkarussell konnte sie nun absteigen – was aus therapeutischer Sicht als Meilenstein zu betrachten ist. Ob Wahrheit oder nicht ist in meinen Augen deshalb belanglos. Maßgeblich ist, dass sie davon profitieren konnte.

Dennoch scheint mithilfe des Mediums nicht alles geklärt worden zu sein, ansonsten würde Amelie mir nicht so ausführlich über diese Liebesbeziehung berichten. Amelie *versteht* dank der Frau, weshalb sie nicht loslassen konnte. Doch sie fühlt ganz anders, wenn sie Samuel begegnet ... Zeit für einen kleinen Exkurs:

> **Verstand und Gefühl**
>
> Wenn wir etwas verstanden oder begriffen haben, heißt das nicht, dass wir auch entsprechend fühlen. Wir wissen, dass zu viel Schokolade das Körpergewicht steigert – trotzdem überkommt uns die Lust, ein Praliné zu naschen. Ein klarer Verstand kann sogar hinderlich sein, indem er beispielsweise suggeriert, die Emotionen seien nicht „korrekt": Schokolade ist ungesund und deshalb kann ich gar keine Lust darauf haben!
>
> Wir sollten deshalb sehr behutsam mit unseren Gefühlen umgehen. Um eine langfristige Verbesserung unserer Situation zu erfahren, benötigen wir sowohl unseren Verstand als auch unser Gefühl.

Amelie scheint das Wissen zu besitzen, dass sie Samuel gegenüber keine Wut oder Hass empfinden bräuchte. Wenn sie ihn sieht, sind die Gefühle aber vorhanden. Der Kopf ist dem Bauch also voraus. Ob sich das aus der Welt schaffen lasse, möchte sie von mir wissen. Was meinen Sie – haben

Sie eine Idee, was Amelie tun könnte? Wie lassen sich Empfindungen „auflösen"? Überlegen Sie, denken Sie in Ruhe darüber nach und legen Sie dieses Buch vielleicht auch für ein paar Sekunden bei Seite.

Ein Psychotherapeut kann nicht sagen, ob ein Vorschlag Wirkung zeigen wird – und falls ja, ob eine wirkliche „Lösung" zugrunde liegt oder ob ein „Placebo-Effekt" enthalten ist. Aber aufgrund meiner praktischen Erfahrung bin ich zu der Überzeugung gekommen, dass wir unsere Gefühle ausleben sollten. Vorhin hatten Sie erfahren, wie Sie mit Wut, Trauer und Schmerzen umgehen können. Sind das keine Emotionen? All unsere leidvollen Erfahrungen können wir Revue passieren lassen und „nachverarbeiten".

Analyse zu Fall „Amelie"

Was können wir von Amelie lernen? Nehmen wir auch für diesen Fall das Ich kann!-Prinzip zu Hilfe.

1. Übertragung von Emotionen auf andere Personen

Manchmal scheinen wir aufgrund von „Nichtigkeiten" heftig zu reagieren. Amelie konnte nicht schlafen, weil ein Mitarbeiter, zu welchem sie kein besonders gutes Verhältnis hatte, kündigte. Wenn eine scheinbare Überreaktion geschieht, können wir uns sogleich fragen, welche Gefühle wir dabei empfinden und ob wir diese aus anderen Situationen kennen. Amelie empfand Ablehnung und diese ist ihr durch die damalige Liebesbeziehung mit Samuel sehr vertraut. Das legt nahe, dass der eigentliche Konflikt nicht in der aktuellen Situation mit ihrem Mitarbeiter besteht, sondern in der nicht verarbeiteten Partnerschaft.

Ob wir uns selbst verurteilen, weil wir wegen einer „lächerlichen" Kündigung keine Ruhe mehr finden oder ob wir die Situation zum Anlass nehmen, den „wahren" Ursachen auf den Grund zu gehen, liegt in unserer Hand, in unserem Ich-Bereich. Ein heftiges Gefühl scheint auf ein heftiges Ereignis hinzudeuten. Wie lange dieses Ereignis zurück liegt, finden Sie selbst heraus. Sie brauchen nur die Bereitschaft mitzubringen, mit Neugierde und Ausdauer in den eigenen Tiefen Ihres Selbst zu graben.

Generell sollten wir hellhörig werden, wenn wir Emotionen auf andere übertragen. Wenn der gestresste Vater seine Wut nicht auf der Arbeit, sondern zu Hause bei Frau und Kind auslebt, findet ein ungünstiger Übertragungseffekt statt. Frau und Kind leiden, Vater meist auch, weil er ein schlechtes Gewissen hat. Er weiß aber nicht, wie er zu Hause anders handeln kann. „Aus dem Nichts" läuft ihm die Galle über und es platzt aus ihm heraus. Einmal ist es, weil das Kind schreit. Das andere Mal, weil es nicht gehorchen will. Manchmal, weil die Frau die falsche Frage stellt. Mag der Vater den Eindruck haben, er sei seinen Gefühlswallungen hilflos ausgesetzt, er ist es nicht: Er könnte ihnen Spürraum geben und verinnerlichen, dass es *seine* Wut ist – unabhängig davon, wodurch sie ausgelöst wurde. Er könnte außerdem den Job wechseln, er könnte einen Therapeuten aufsuchen, er könnte seine Wut hinausschreien (mehr dazu im nächsten Unterpunkt). Wenn die ursächliche Emotion stark gelindert wird, wird sie sich nicht mehr auf andere Lebensbereiche übertragen.

In den Ich-Bereich fallen unsere Gefühle, unser Handeln, unsere Gedanken, unsere Worte. Wenn der hilflose Familienvater sagt, er könne in diesem Augenblick aber nicht anders handeln, so gehört diese Reaktion in den Nicht-Bereich: Im Moment seiner Wut ist er seinen Emotionen hilflos ausgesetzt. Was bedeutet das für ihn? Er gibt Teile des Ich-Bereichs an den Nicht-Bereich ab, dadurch geht ein Stück seiner Handlungskontrolle verloren. Er wird zu einem gewissen Grade fremd bestimmt. Je größer der Nicht-Bereich wird, desto weniger Einfluss hat er auf sein Leben. Er sollte sich deshalb davor hüten, unnötigerweise das Ruder aus der Hand zu geben.

Stattdessen könnte sich der Vater fragen, wo seine Dünnhäutigkeit herrührt. Warum verletzt er Menschen, die er liebt? Dass er nicht wütend werden *möchte*, steht wohl außer Frage. Ihm gelingt es aber nicht, seinem eigenen Willen zu folgen. Er folgt seinem Gefühl. Daher sollte herausgefunden werden, wo die wirklichen Auslöser seiner Wut begraben sind.

> **Teufelskreis**
> Oftmals fühlen wir uns der Wut hilflos ausgeliefert und lassen sie unkontrolliert heraus. Das Umfeld kann das aber nicht respektieren und lehnt unser Verhalten ab (manchmal fühlt es sich an, als lehnte es uns als Menschen ab). Auch wir lehnen das eigene Verhalten ab – der Selbstwert sinkt. Die Selbstablehnung führt zu Selbsterniedrigung. Die Wut nimmt weiter zu.
> Wie lässt sich dieser Teufelskreis durchbrechen? Indem der ursprüngliche, offene Konflikt gelöst wird. Wenn wir unserer Wut Spürraum geben, kann die Quelle der Wut nachvollzogen werden.

2. Umgang mit lang vergangenen Gefühlen

Die Gefühle können als Kern des Ich-Bereichs angesehen werden. Sind es nicht die Emotionen, die uns zum Handeln veranlassen? Denken Sie an Ihren Hunger, Ihren Frust, Ihre Trauer. Gefühlsregungen zu „verstehen" kann manchmal unmöglich sein. Doch das ist auch nicht nötig.

Ebenso wenig verständlich scheint es, dass Amelie „ausgerechnet jetzt" von ihren längst verschütteten Gefühlen heimgesucht wird. Sie meinen, dass Emotionen gehen, wenn man sie ignoriert? Irrtum. Früher oder später kommen sie wieder zum Vorschein, irgendetwas kann

5 Amelie – Ein heiliger Schwur, der ewig währt?

veranlassen, dass sie wiederbelebt werden und den ganzen Körper übermannen. Bei Amelie dauerte das fünf Jahre; manchmal sind es nur Monate, es können aber auch Jahrzehnte sein.

> **Akzeptanz**
> Barnow (2015) empfiehlt, aufkommende Gemütsbewegungen zu akzeptieren und ihnen nachzuspüren, anstatt sie zu beiseitezustoßen. Akzeptanz bedeute „das bewusste Annehmen der aktuellen Situation und der daraus resultierenden Gefühle ohne den Versuch, diese zu verändern". Mittels Akzeptanz könne man eine distanziertere Haltung gewinnen und neue Möglichkeiten wahrnehmen, das Leben zu gestalten.

Was sollen wir tun, wenn wir uns entscheiden, die Arbeit nicht über Jahrzehnte aufzuschieben? Wie löst man den Knoten der Emotionen, wie lassen uns diese dauerhaft los?

Kleiner Exkurs: Wie geht eine Mutter mit ihrem Baby um, wenn es schreit oder weint? Sie kümmert sich um es, sieht nach, ob ihm etwas fehlt, bietet ihm die Brust oder das Fläschchen an, legt es in den Kinderwagen oder versucht es zu bespaßen. Es findet ein verständnisvoller, liebevoller Umgang statt. Die Mutter geht davon aus, dass dem Kind etwas fehlt, sonst würde es nicht schreien.

Gehen Sie mit Ihren Gefühlen ähnlich um. Wenden Sie sich ihnen zu, nehmen Sie sie an, machen Sie verschiedene Angebote. Weinen oder schlagen Sie, schreien oder schluchzen Sie. Suchen Sie die Nähe zu Mitmenschen oder üben Sie sich in Einsamkeit. Manches wird helfen, anderes nicht. Sie können das nicht immer vorher wissen. Was verstärkt Ihr Gefühl? Gibt es etwas, das die Wut größer werden lässt oder die Trauer intensiver? Mag es als „Verschlechterung" erscheinen, kann ich als Gegenmaßnahme versuchen, diesem viel Positives abzugewinnen.

Denn in erster Linie gilt es, eine Veränderung zu bewirken und diese ist Voraussetzung, damit es besser werden kann (denken Sie an Lichtenbergs Worte).

Amelie sagte sich, dass sie nie mehr leiden möchte. Doch damit bleiben die Empfindungen, sie lebt sie nicht aus, ganz im Gegenteil: Amelie wehrt ihre Gefühle ab. Sie will diese Gefühle nicht! Das ist der Grund, warum sie regelmäßig wiederkehren – spätestens dann, wenn sie mit Samuel konfrontiert wird.

All das, was Sie unterdrückt und im Unterbewusstsein verstaut haben, können Sie nach und nach an die Oberfläche lassen. Möge es dort Wirkung zeigen, möge es Sie in Phasen der Trauer oder Hilflosigkeit stürzen.

Machen Sie sich an die Arbeit! Dazu brauchen Sie ein schrei- und schlagfestes Kissen und eine Packung Taschentücher, Marke egal. „Halt, halt!" sagen Sie, „das klingt nach Arbeit". Ist es auch. Sie möchten nicht noch mehr arbeiten? Und meinen, das gehe auch „von alleine" vorbei? Stimmt. Meist kommt es aber auch wieder „von alleine" zurück.

3. Informationen des Mediums

Ob Amelie dem Rat ihrer Freundin folgt und ein Medium aufsucht, ist ihre eigene Entscheidung, das gehört demnach in ihren Ich-Bereich. Sie hat sich dafür entschieden und demgemäß gehandelt. Es ist lobenswert, wenn auf eine Entscheidung die entsprechende Handlung folgt. Amelie macht dadurch eine Erfahrung der besonderen Art.

Was das Medium Amelie mitteilt, liegt dagegen im Nicht-Bereich. Das bedeutet, dass Amelie keinen Einfluss darüber hat. Es können angenehme oder unangenehme Dinge sein. Reißen deren Worte Amelies alte Wunden auf oder heilen sie diese? Was mit Amelie geschehen wird, weiß sie erst, wenn sie es ausprobiert hat. Sie kann nicht zuvor wissen, inwieweit es ihr hilft oder schadet.

Nicht-Bereich bedeutet überdies Loslassen: Da sie über die Aussagen des Mediums keinen Einfluss hat, braucht sie auch nicht die Verantwortung dafür zu übernehmen.

Wie Amelie mit den erhaltenen Informationen umgeht, fällt dagegen in ihren Ich-Bereich. Sie kann darüber enttäuscht oder glücklich sein, kann daran glauben oder zweifeln. An dieser Stelle müssen wir klar unterscheiden: Was das Medium sagt, braucht Amelie nicht zu verantworten. Wie sie mit dem Gesagten umgeht, aber schon.

Die Frau mit den übernatürlichen Fähigkeiten informierte Amelie, dass sie und Samuel einst Geschwister waren und sich schworen, sich „niemals gegenseitig im Stich" zu lassen. Dadurch haben sich die Umstände der aktuellen Situation geändert: Amelie begreift, warum sie sich von ihrem Partner nicht lösen konnte. Ob es denn wirklich wahr ist? Wer will das beurteilen? Belangvoller scheint aus psychologischer Sicht, dass Amelie von den Informationen profitiert und sie ihr die Trennung leichter machen.

> **Subjektive Wirklichkeit**
>
> Wirklich ist, was wir für wirklich empfinden. Gibt sich Amelie dem Glauben hin, dass das Band ewig währt, wird eine endgültige Trennung sehr schwer fallen. Sie kann das Wissen aber nutzen, um sich bewusst zu machen, warum sie sich bislang nicht emotional trennen konnte, warum sie ein Medium aufsuchen musste; sie hat den Schritt gewagt, hat etwas erfahren und kann weitere Schritte auf ihrem Weg gehen. (Bis der nächste „Stolperstein" kommt, der ihr als Wegweiser dienen möchte).

Hierbei tut sich aber eine Falle auf: Während Amelie seit diesem Besuch *versteht,* warum die Beziehung so kompliziert verlaufen musste, sind die Empfindungen in der damaligen Beziehung dennoch andere gewesen. Das heißt, Gefühl und Verstand gehen nicht Hand in Hand.

Ihr Kopf weiß, dass die Partnerschaft schon längst vorbei ist, sie wusste vielleicht schon damals, dass es „besser" wäre, sich von Samuel zu trennen. Hat alles nichts genützt! Warum? Weil das „Problem" nicht im Kopf, sondern im Bauch verankert ist.

Die Enttäuschungen, die Ablehnungen, die Schmerzen … jeder einzelne Gefühlseindruck ist wahr, sie hat ihn damals intensiv erlebt. Will der Kopf nun suggerieren: „Das war unnötig!", weil er begreift, woran das lag, geht die Schere zwischen Gefühl und Verstand weiter auseinander. Ob Amelie die Schere öffnet oder schließt, fällt in ihren Ich-Bereich.

Was wir aus Amelies Fall lernen können

Auch bei Amelie liegt eine „unverdaute Situation" vor: Die Konflikte in ihrem vergangenen Liebesverhältnis sind noch nicht gelöst und finden über einen Umweg an die Oberfläche. Amelie quält die Kündigung ihres Mitarbeiters, obwohl sie rein rational betrachtet darunter nicht leiden dürfte. Die Kündigung stellt lediglich einen Erinnerungshinweis dar. Erst in ihrem Spaße „Manchmal fühle ich mich, als hätte ich eine ‚Beziehung' zu ihm" wurde die Verbindung zur vergangenen Partnerschaft mit Samuel und damit zum tatsächlichen Konflikt hergestellt.

Als aufmerksame/r Leser/in wissen Sie, wie diese offenen Konflikte geschlossen werden. Möglicherweise haben Sie festgestellt, dass Ihrer Wut manchmal eine starke Trauer zugrunde liegt. Deshalb rate ich Ihnen, tief zu empfinden und wirklich alle Gefühle auszuleben. Auf die

Taschentücher, fertig, los! Nehmen Sie ein Kissen und Ohrenschützer mit.

Dass eine Klientin von dem Besuche eines Mediums berichtet, kommt eher selten vor. Im Vordergrund steht aber, wie Amelie mit dieser außergewöhnlichen Erfahrung umgeht. In diesem Falle konnte sie sich von quälenden Fragen befreien, und sie vermochte zu akzeptieren, dass Samuels Zuneigungen sehr launisch waren. Es zeigt sich auch hier, dass das Ungleichgewicht zwischen Verstand und Gefühl sehr groß sein kann: Amelies Verstand hat Samuels Verhalten zu akzeptieren gewusst, ihre Gefühle aber wehrten sich und äußerten sich weiterhin.

Ein großes Ausrufezeichen soll hinter den Bedürfnissen stehen! Indem Sie erkennen, was Sie brauchen und warum Sie das brauchen, können Sie leicht Einfluss auf Ihr Leben nehmen. Möge es Ihnen ebenso helfen, (Paar-)beziehungen und Arbeiten jeglicher Art besser zu verstehen. Nutzen Sie diese Erkenntnisse: Lösen Sie sich von dem, was Sie nicht benötigen und suchen Sie das auf, was Ihnen gut tut.

Gut? Schlecht? Jeder vermeintlich „negativen" Erfahrung lassen sich wertvolle Kostbarkeiten entnehmen. Der heutige Schmerz ist vielleicht der morgige Segen. Überlegen Sie selbst, weshalb Sie dankbar für manch schlimme Erlebnisse sind. Damit bereiten Sie sich schon auf das nächste Kapitel vor …

Literatur

Barnow, S. (2015). *Gefühle im Griff! Wozu man Emotionen braucht und wie man sie reguliert* (S. 101). Heidelberg: Springer.

Rogers, C. R. (1957). The necessary and sufficient conditions of therapeutic personality change. *Journal of Consulting Psychology, 21*, 95–103.

6

Klara – Warum eine Depression ein Segen sein kann

Wie sprechen die Menschen mit Menschen? Aneinander vorbei.
Kurt Tucholsky

Es ist einer dieser kostbaren Herbsttage, an welchem mich die Sonne auf meinem Weg zur Praxis begleitet. Reges Vogelzwitschern und buntes Blättertreiben. Ich gehe freier, leichter, beschwingter zur Arbeit. Der Tag schenkt Wärme, er schenkt viel Licht.

Dunkel und kühl kommt Klara in meinen Raum. Ihre Schultern hängen tief, ihr Gang ist schwer. Um Anzeichen einer Depression zu erkennen, bedarf es keines diagnostischen Fragebogens. Mit niedergeschlagener Stimme erklärt sie mir ihre Situation: Sie habe Angst, das Haus zu verlassen. Traue sich nicht mehr, ihr Auto zu steuern. Verbringe den Großteil des Tages in ihrem Bett; sei zu müde, um sich zu bewegen, doch zu wach, um zu schlafen. Und so warte sie und warte sie – auf irgendwas.

Klara hat in ihrem Leben bislang keinen Psychologen aufgesucht. Auf Empfehlung einer Bekannten hin habe sie sich einen Eindruck von mir und meiner Arbeit verschaffen wollen. Doch sie wisse nicht, ob sie hier richtig sei, ob ich ihr helfen könne, ob ihr überhaupt jemand helfen könne … Mag mein Raum angenehm wirken und die Sessel bequem, so ist Psychotherapie im krassen Gegensatz dazu meist unbequem: Wir müssen uns mit uns selbst beschäftigen, mit unseren Schattenseiten und Unzulänglichkeiten. Wir müssen Verantwortung für das übernehmen, was uns oft am fernsten liegt: das eigene Ich. Ein Medikament einzuwerfen ist dagegen leicht. Ich frage sie, ob das nicht der bessere Weg für sie wäre. „Nein, auf keinen Fall. Ich möchte keine Medikamente nehmen. Ich habe befürchtet, dass es schwierig wird. Aber lieber so als rein medikamentös." Ihre Stimme wird plötzlich kraftvoll, erhält einen Klang und erhellt damit den Raum. Wie auf Befehl funkeln einige Sonnenstrahlen durch das Fenster. Ich schmunzele.

„Warum lächeln Sie?", fragt mich Klara verwirrt. „Weil ich mich an den Sonnenstrahlen erfreue. Die Sonne ist immer da, nahezu immer gleich weit von unserer Erde entfernt, auch an Regentagen. Und doch nehmen wir sie nur selten wahr … Woraus besteht Ihr Leben, und wie nehmen Sie es wahr?"

Sie erzählt, dass sie morgens aufwacht, im Bett liegen bleibt, bis es Zeit würde, ihre Tochter in den Kindergarten zu bringen. Unter Angst verlasse sie dann das Haus, kehre eine knappe Viertelstunde später zurück und schleppe sich zum Frühstückstisch, wo sie eine kleine Mahlzeit einnehme. Dann warte sie, bis der Tag vorübergehe. Manchmal hole sie ihr Kind nachmittags vom Kindergarten ab, manchmal kümmere sich ihr Mann darum. „Das ist mir lieber, denn dann muss ich das Haus nicht ein zweites Mal verlassen". Abends würden sie gemeinsam essen. Dann gehe zuerst ihre Tochter, später ihr Mann schlafen. Sie selbst lege sich zwar ins Bett, doch es dauere Stunden, bis sie in den Schlaf sinke. „Das ist momentan mein Leben. Darf man das überhaupt noch ‚Leben' nennen?" Verzweifelt schlägt sie ihre Augen nieder und greift mit ihren Händen in den Sessel.

> **Symptome einer Depression**
>
> Beesdo-Baum und Wittchen (2011) fassen die verschiedenen Symptome einer Depression sehr gut zusammen und unterteilen sie in vier Kategorien:
>
> 1. Emotionale Symptome: Gefühle von Traurigkeit, Niedergeschlagenheit, Ängstlichkeit, Verzweiflung, Schuld, Schwermut, Reizbarkeit, Leere, Gefühllosigkeit.
> 2. Kognitive Symptome: Grübeln, Pessimismus, negative Gedanken, Einstellungen und Zweifel gegenüber sich selbst („Ich bin ein Versager"), den eigenen Fähigkeiten, seinem Äußeren, der Umgebung und der Zukunft, Suizidgedanken, Konzentrations- und Gedächtnisschwierigkeiten, schwerfälliges Denken, übermäßige Besorgnis um die körperliche Gesundheit.
> 3. Physiologisch-vegetative Symptome: Energielosigkeit, Müdigkeit, Antriebslosigkeit, Weinen, Schlafstörungen, Morgentief, Appetitlosigkeit, Gewichtsverlust, Libidoverlust, innere Unruhe, Spannung, Reizbarkeit, Wetterfühligkeit.
> 4. Behaviorale/motorische Symptome: Verlangsamte Sprache und Motorik, geringe Aktivitätsrate, Vermeidung von Blickkontakt, Suizidhandlungen, kraftlose, gebeugte, spannungslose Körperhaltung oder nervöse, zappelige Unruhe, starre, maskenhafte, traurige Mimik, weinerlich besorgter Gesichtsausdruck.

Das ist das Leben, wie es Klara wahrnimmt. Sie hat mir ihren Alltag beschrieben, doch wie würden andere Klaras Leben beschreiben? Was sieht ihr Umfeld, was Klara selbst aber verborgen bleibt? Nicht nur Therapeuten ist bekannt, dass sich Selbst- und Fremdeinschätzung stark unterscheiden können.

„Gibt es Aspekte in Ihrem Leben, über die Sie dankbar sind? An welchen Sie sich, zumindest zu einem kleinen Teil, erfreuen können?" Klara löst ihre Hände und richtet ihren Kopf etwas auf. „Ja, die gibt es. Ich habe einen Mann, der mich liebt. Ein Kind, das wir uns beide so sehr wünschten. Eltern, denen ich unentbehrlich bin. Eine Schwester, die mir sehr wichtig ist. Und ein Haus, in dem ich wohnen kann: Andere mögen mich darum beneiden, doch manchmal wünschte ich, ich wäre nie dort eingezogen." Da mich ihre Aussage sehr überrascht, vertiefen wir das Gespräch. Was hat es mit diesem Haus auf sich?

Klara berichtet mir, dass sie vor 8 Jahren in dieses Haus eingezogen sei. Es sei das Haus ihres Mannes Stephan, er wollte mit seiner Ex-Partnerin dort einziehen. Als die Partnerschaft in die Brüche ging, lernte er Klara kennen. Das Haus wurde fertiggestellt und in einer Nacht- und Nebelaktion zog Klara bei Stephan ein. „Schon damals hatte ich ein mulmiges Gefühl, deshalb musste es rasch und ohne großes Grübeln vonstatten gehen. Doch ich glaube, der Schritt kam etwas zu früh." Bis heute fühle sie sich in diesen vier Wänden nicht daheim. „Ganz im Gegenteil: Meine Schwiegereltern wohnen direkt nebenan, sie können mir ins Esszimmer schauen, ohne das Haus verlassen zu müssen. Manchmal kommt es mir vor, als würde ich in einem Glaskasten wohnen."

6 Klara – Warum eine Depression ein Segen sein kann

> **Ängste**
>
> Wenn wir uns an einem Ort nicht sicher fühlen, sind auch die Ängste nicht weit. Diese Unsicherheiten können durch viele verschiedene Faktoren ausgelöst werden: Eine instabile Liebesbeziehung, finanzielle Nöte und Sorgen, die Beendigung eines Arbeitsverhältnisses, Streit in der Familie, eine problematische Wohnsituation … Wenn Sie selbst unter starken Ängsten leiden, gehen Sie in sich und beantworten Sie folgende Fragen: Wie sicher fühlen Sie sich in den Bereichen Partnerschaft, Familie, Job, Freunde, Gesundheit? Welches Sentiment wäre außerdem vorhanden, wenn die Angst nicht auftreten würde?

Als ich nach der Beziehung zu ihrem Mann Stephan frage, erklärt mir Klara, dass die Ehe eher einer Wohngemeinschaft gleiche. „Wir teilen vier Wände, sonst aber nichts." Stephan missverstehe sie am laufenden Band. Er gebe beschwichtigende Worte von sich, die sie verletzen oder Ratschläge, die ihr nicht helfen würden. Er versuche, ihr mit seinen Worten weiterzuhelfen. „Doch das ist nicht das, was ich brauche. Ich würde mir wünschen, häufiger in den Arm genommen zu werden und gar nichts zu reden." Klingt, als wolle Stephan Klara helfen, doch die Hilfe kommt offensichtlich nicht an. Erinnern Sie sich an das Sprichwort mit „gut" und „gut gemeint"? Doch woher soll Stephan wissen, dass Klara unter seinen Hilfeversuchen leidet und sie sich regelmäßig missverstanden fühlt?

Als mir Klara ihre Bedenken äußert, ein solches Gespräch zu führen, schlage ich ihr vor, ihrem Mann einen Brief zu schreiben. Ein Brief bietet die Möglichkeit, sich in Ruhe mit einem Thema auseinanderzusetzen, die eigenen Gefühlsregungen bedacht zu formulieren und zu ordnen, und wenn man damit unzufrieden ist, einfach neu zu beginnen. Das gesprochene Wort lässt sich nicht einfach ausradieren. Zudem gibt das geduldige Papier

Stephan die Möglichkeit, den Brief mehrfach durchzulesen, sich der Worte seiner Frau anzunehmen und das Ganze zu verdauen. Vielleicht schreibt er daraufhin selbst einen Brief; vielleicht sucht er lieber das Gespräch.

> **Kommunikation**
>
> Wollen wir das Verhältnis zu unseren Mitmenschen verbessern, ist es ratsam, an der Kommunikation zu arbeiten. Kommunizieren Sie klar, wo der Schuh drückt. Wenn wir die Probleme offen auf den Tisch legen, können wir uns gemeinsam auf die Suche nach Lösungen begeben. All das, was Sie selbst wissen, sollten Sie auch Ihre/n Lebenspartner/in wissen lassen. Natürlich verlangt das einen gewissen Mut und kostet manchmal viel Überwindung – doch gehen wir nicht Beziehungen ein, um einander näher zu kommen? Vertrauen Sie sich Ihrem Gegenüber an, offenbaren Sie sich.

In der nächsten Sitzung wirkt Klara etwas gelöster. Sie habe gute Konversationen mit Stephan führen können. Auslöser war der Brief, den sie ihm schrieb: Darin hatte sie ihre Empfindungen verpackt und war bemüht, ihm ihre Situation zu erklären. „Ich wollte ihm keine Vorwürfe machen oder Schuldzuweisungen geben, sondern alles möglichst neutral darstellen. Er sollte sich durch den Brief nicht schlechter fühlen, sondern sich in meine Lage hineinversetzen können und mich verstehen." Stephan habe den Brief gelesen und das Gespräch mit ihr gesucht: „Wir haben uns nun ausgesprochen. Er versteht mich besser und ich ihn. Das fühlt sich gut an." Kleine Handlung mit großer Wirkung. Aber wie steht es um Klaras Ängste?

„Meine Ängste sind unverändert. Das Haus möchte ich noch immer nicht verlassen, möchte weder mit Fremden reden noch sie sehen. Es beschleicht mich immer das Gefühl, dass gleich etwas passieren könnte. Ich habe auch furchtbare Panik, dass meiner Schwester etwas zustoßen könnte. Sie ist Anfang 20 und sehr attraktiv. Ich will nicht, dass sie an die falschen Männer gerät. Heutzutage ist man nirgendwo sicher." „Stimmt", erwidere ich, „wir können uns nirgendwo sicher fühlen. Jederzeit kann Ihnen ein Unglück widerfahren, egal, wo Sie sich befinden. Das gilt natürlich auch für Ihre Schwester. Sie ist immer in Gefahr." Klara schaut verdutzt: „Sollten Sie nicht dafür sorgen, dass meine Ängste geringer werden? Stattdessen schüren Sie sie noch." „Sie hatten doch eben selbst behauptet, dass man nirgendwo sicher sei." Sie lächelt. „Ja, aber ich hatte gehofft, dass Sie als Therapeut besänftigend eingreifen." Das macht mich noch hellhöriger: „Klara, glauben Sie wirklich, dass Ihre Ängste geringer würden, wenn ich sie zu beschwichtigen versuche? Hört die Angst auf zu existieren, indem man sie verneint?" Sie schüttelt mit dem Kopf. „Nein, vermutlich nicht. Trotzdem ist es schwer für mich, Ihre Worte hinunterzuschlucken."

Als Fachmann im Bereich Psychologie wittere ich die Möglichkeit, die vor uns liegt. Wir befinden uns am Tor zum Therapieerfolg, doch ob es geöffnet werden kann, bleibt fraglich. Wie weit ist Klara? Kann sie sich von ihren alten Gewohnheiten trennen? Mir ist bewusst, dass ich sie als Klientin wohl verlieren werde, wenn sie meine Hilfe nicht als Hilfe sehen kann. Dennoch muss es sein. Ich drücke uns beiden die Daumen und beginne vorsichtig:

„Wir haben festgestellt, dass Ihre Schwester nirgends sicher sein kann. Das gilt für uns alle. Wir alle sind immer in Gefahr, uns alle kann noch heute der Tod ereilen. Ist es nicht verwunderlich, dass Sie starke Ängste haben, ich aber nicht? Warum können Sie sich nicht ans Steuer im Auto setzen, während ich heiter beim Autofahren zur Musik trällere? Woher kommen diese Unterschiede? Die Gefahr ist doch dieselbe." Klara überlegt eisern, wirkt aber ratlos. „Ich weiß es nicht." „Gab es eine Zeit in Ihrem

Leben, in welcher Sie ebenfalls Auto fahren konnten, ohne einen Hauch von Angst zu verspüren?" Sie nickt. „Ja, die gab es. Damals stieg ich ins Auto ein und habe mich sicher gefühlt. Lange ist's her." „Sicherheit, das ist das Stichwort. Wenn wir uns im Auto sicher fühlen, ist kein Platz da, in welchem sich die Angst ausbreiten kann. Natürlich können wir jederzeit sterben. Das heißt aber nicht, dass wir jederzeit Ängste haben müssen. Sie möchten Sicherheit erlangen, weil Sie sich nicht sicher fühlen. Ich glaube aber, dass wir gut daran tun, die Unsicherheiten, die das Leben mit sich bringt, anzunehmen." Klara schaut mich fragend an. „Das hängt mir zu hoch. Können Sie das vereinfachen?" „Sie haben Angst, dass Ihrer Schwester etwas zustoßen könnte. Das zeigt mir, dass Sie Ihre Schwester sicher wissen möchten. Diese Sicherheit gibt es aber nicht. Ich will Sie nicht lehren, Sicherheit zu erlangen, sondern mit den Unsicherheiten des Lebens umzugehen. Ist es möglich, sich in der Unsicherheit sicher zu fühlen? Lassen Sie es uns herausfinden. Das Leben kann grausam sein, ja. Sich deshalb zu verstecken oder Trübsal zu blasen, mindert die Grausamkeiten nicht. Alle Ängste, die Sie haben, schränken Ihr Leben ein. Doch an Sicherheit gewinnen Sie dadurch nicht, ebenso wenig Ihre Schwester." „Aber meine Ängste hören doch nicht auf, weil ich weiß, dass sie unnötig sind." „Das stimmt. Die Frage bleibt, warum Sie jetzt Ängste in diesem Ausmaß haben, früher aber nicht. Das hat nichts mit der Welt zu tun, sondern allein mit Ihnen. Daraus lässt sich aber schlussfolgern, dass der Schlüssel zur Lösung auch in Ihnen liegt. Wir müssen die Welt nicht von den Gefahren befreien, damit Ihre Ängste gehen, sondern therapeutisch wirksam arbeiten. Begleiten Sie mich in dieser Arbeit?", frage ich Klara. „Hm, allmählich geht mir ein Licht auf. Bislang habe ich die Welt dafür schuldig gesprochen, dass ich unter meinen starken Ängsten leide. Dadurch lässt sich das Leiden leichter ertragen, doch gleichzeitig ist es aussichtslos, dass man jemals gesundet. Ich denke, es wird schwierig, die Verantwortung für meine Ängste zu übernehmen. Doch vielleicht schaffe ich es mit Ihrer Hilfe. Und um auf Ihre Frage zurückzukommen: Ob ich Sie begleiten kann, weiß ich nicht. Doch ich möchte es und werde es auf jeden Fall versuchen!"

Nun erst kann die eigentliche Arbeit beginnen. In den folgenden Monaten arbeite ich mit Klara sehr intensiv zusammen. Zum einen verändern wir ihre äußeren Umstände. Sie spricht mit ihren Schwiegereltern, sagt ihnen, dass sie Abstand von ihnen möchte. Denn sie könne nicht länger dulden, dass ihre Grenzen und Gefühle ständig übergangen werden. Sie schreibt ihrem Mann weitere Briefe, woraufhin Gespräche folgen und sich das Liebespaar wieder näher kommt. Sie trifft sich regelmäßiger mit ihren Freundinnen, unternimmt mehr mit ihrer Tochter und entdeckt neue Freizeitaktivitäten. In meinem Therapieraum fühlt sie sich inzwischen auch sicher. Was immer ihr auch unlösbar scheint, sie kann es hier aussprechen und manches Mal finden wir auch eine Hintertür, die sie aus der Schwermut führt.

Das Kommunikationstraining in der Paartherapie

Um Konflikte in Partnerschaften zu bewältigen, sind gute Fähigkeiten in der Kommunikation eine Grundvoraussetzung. In verhaltenstherapeutischen Paartherapien nimmt das Kommunikationstraining deshalb einen Großteil der Zeit in Anspruch (vgl. Schindler et al. 2007).

Die Klienten erlernen u. a. ...

- den Gebrauch von Ich-Botschaften und den Verzicht auf Du-Sätze
- das Ansprechen eigener Gefühle und Wünsche, um dem Partner die Möglichkeit zu geben, die eigene Situation zu verstehen
- aktiv und interessiert zuzuhören.

Zum anderen arbeiten wir an den inneren Umständen. Wir suchen nach den Auslösern ihrer Ängste. Wir sprechen über ihre erlittenen Traumata, über unerfüllte Wünsche, über verdrängte Erfahrungen und nicht gelebte Emotionen. Klara hat sich für viele ihrer Verhaltensweisen selbst verurteilt, sich schlecht und schuldig gefühlt. Darum helfe ich ihr, ein gesundes Selbstbild aufzubauen. Selbstliebe statt Selbsthass, Verständnis statt Verurteilungen. Sie schreibt auch weiterhin ihre Empfindungen in Briefen nieder und berichtet, dass damit eine Last abfällt. Und sie erhellt meinen Raum, sobald sie ihn betritt. Ob Herbst, Winter, Frühling oder Sommer – auf ihrem Gesicht wohnt ein Lachen und sie möchte es zu meinem machen.

Analyse zu Fall „Klara"

Finden wir gemeinsam heraus, wie wir Klara mit dem Ich kann!-Prinzip weiterhelfen.

1. Depression

Kennen Sie Menschen, die unter Depressionen leiden? Dann bitte ich Sie, sich deren Lebensumstände einmal genauer anzusehen: Führen die Menschen das Leben, das sie sich wünschen? Haben sie regelmäßigen Kontakt zu Familie und Freunden? Bewegen sie sich ausreichend, können sie sich in Ihrem Beruf verwirklichen? Vermutlich werden viele dieser Fragen mit „Nein" beantwortet.

Eine Depression ist ein starkes, seelisches Leiden und geht mit einer Ablehnung des Lebens einher. Darum ist es nicht verwunderlich, dass sich viele Depressive den Tod wünschen.

Betrachten wir den Ich-Bereich und beginnen mit der Handlungsebene: Einer meiner Supervisoren sagte einst zu mir, dass Briefzusteller einen guten Beruf gewählt haben, weil sie dadurch Bewegung und sozialen Kontakt haben. Wenn wir entweder das eine oder das andere nicht haben, fehlt uns eine mächtige Kraftquelle, wodurch es langfristig zu starkem Leiden kommen kann. Dass Klara stark leidet, steht außer Frage. Der Theorie zufolge dürfte sie kaum Sport treiben und nur selten Menschen sehen, die ihr gut tun. Ihre Freundinnen trifft sie nur noch 1–2 Mal im Monat, was sie sehr bedauert. Bei ihrem Mann fühlte sie sich bei Therapiebeginn auch nicht wohl, er konnte ihr nicht das geben, wonach sie sich sehnte. In unserer heutigen Job-und-Karriere-Welt, geschmückt mit Autos, Displays und Tastaturen, ist qualitativ hochwertiger Kontakt eher die Ausnahme denn die Regel. Hüten Sie sich deshalb vor Isolation und Einsamkeit, investieren Sie in Freundschaften statt in Immobilien – Ihre Seele wird es Ihnen danken.

> **Wut, Zorn, Frust und Ärger ausleben**
>
> Nicht nur meinen depressiv verstimmten Klienten rate ich, in ein Kissen zu prügeln, eine Wand anzuschreien oder im Zimmer gänzlich auszurasten. Mögen Teller fliegen und alte Kleider zerreißen – achten Sie lediglich darauf, dass Ihre Mitmenschen nicht zu Schaden kommen. Sportliche Aktivitäten können auch dazu dienen, angestauten Ärger freizusetzen. Mein Favorit ist aber lautlos zu schreien – Sie tun, als würden Sie schreien, geben den Ton aber nicht mit. Das löst die Wut und schont die Ohren der Nachbarn. Bauen Sie einige der Strategien in ihren Wochenplan ein und Sie werden merken, dass Sie sich bald kraftvoll und vital fühlen.

Auf Gefühlsebene habe ich als Therapeut weitere Beobachtungen machen dürfen, wovon ich eine als besonders nennenswert erachte: Depression wird vielfach mit Ängsten in Verbindung gebracht. Mir scheint aber, dass Wut einen ähnlich starken Zusammenhang zur Depression besitzt. Dabei sprechen wir insbesondere von unterdrückter, verdrängter Wut, welche nicht ausgelebt wird. Wie Sie aus Erfahrung wissen, kann Ihnen Wut enorme Kräfte verleihen. Was ist notwendig, um diese Kraft zurückzuhalten? Mindestens genauso große Kräfte. Wenn Sie über Monate, Jahre oder gar Jahrzehnte große Kräfte aufbrauchen, um Ihre Wut zu unterdrücken, braucht es nicht zu verwundern, dass Sie sich leer und kraftlos fühlen.

Differenzieren Sie Ihr Leiden: Für welche Auswirkungen tragen Sie die Verantwortung und für welche nicht? Was andere über Sie sagen, was andere denken oder wie sie handeln, ist nicht Ihre Sache. Machen Sie sich bewusst, was in Ihren Nicht-Bereich fällt und geben Sie damit nicht nur die Verantwortung, sondern auch das Leiden ab. All jene Umstände, für die Sie nichts können, brauchen Sie sich nicht zu Herzen nehmen.

2. Sicherheit

Es gibt keine Sicherheit im Leben. Das Leben ist durch den Nicht-Bereich geprägt, was dieser uns beschert, können wir nicht wissen. Schließlich haben wir keine Kontrolle über ihn. Natürlich können wir Vermutungen anstellen und spekulieren, wie die Zukunft aussehen wird. Möglicherweise treffen sie zu, aber möglicherweise nicht.

Klara glaubt, dass sie sich nur sicher fühlen könnte, wenn sie in Sicherheit sei. Deshalb versucht sie, jegliche Gefahren zu vermeiden. Sie geht kaum noch aus dem Haus, fährt kein Auto mehr und kann sich deshalb kaum noch mit ihren Freundinnen treffen. Doch selbst in ihrem eigenen Haus fühlt sie sich nicht sicher, deshalb verschließt sie Türen und Fenster, lässt auch tagsüber die Rollläden unten und verbarrikadiert sich im Zimmer. Dann fühlt sich Klara weitestgehend sicher. Doch was kann sie da mit ihrer Zeit anfangen?

In meinen Augen sind nicht die vermeintlichen Sicherheiten im Leben wesentlich, sondern das subjektive Gefühl. Manche Menschen haben Millionen auf dem Konto, doch fühlen sie sich arm und sind geizig. Andere haben Schulden, fühlen sich dennoch reich. Wenn wir von finanzieller Sicherheit sprechen, ist es daher ratsam, nicht am Reichtum zu arbeiten, sondern an den inneren Werten, beispielsweise der Großzügigkeit und Dankbarkeit.

Dasselbe gilt in Partnerschaften: Wenn Sie sich als Mann nur mit einer Frau sicher fühlen, versuchen Sie durch den äußeren Umstand (das Führen einer Partnerschaft) Ihre Unsicherheit zu bekämpfen. Auf Dauer geht das selten gut. Schnell treten Ängste auf, dass Ihre Frau Sie betrügen könnte, ihr etwas zustößt oder Sie sich auseinander leben. Die Unsicherheit findet einen Weg, um zu Ihnen zu gelangen. Arbeiten Sie deshalb an sich selbst, lernen Sie, auch allein glücklich zu sein. Seien Sie sich selbst genug. Leben Sie die Freude, eine Partnerin zu haben, anstatt die Angst, sie wieder zu verlieren. Ob Sie sich sicher oder unsicher fühlen, ob Sie alleine glücklich oder zu zweit einsam sind, fällt in Ihren Ich-Bereich.

Sicherheit heißt gewissermaßen auch „bei sich selbst sein". Um uns im Allgemeinen noch sicherer, noch wohler und gut aufgehoben zu fühlen, möchte ich Ihnen noch raten, mehr mit Ihren Händen zu arbeiten. Wer mit den Händen arbeitet, kommt zu sich. Gehen Sie in den Garten, graben Sie in der Erde, schneiden Sie Holz und kneten Sie Ton. Führen Sie die Tätigkeiten in Ruhe und Dankbarkeit aus. Nehmen Sie sich am Ende die Zeit und blicken Sie auf das, was Sie geleistet haben. Schauen Sie nicht auf das, was vor Ihnen, sondern auf das, was hinter Ihnen liegt. Dadurch verdeutlichen Sie sich, wozu Sie sich angestrengt haben und Ihre Zufriedenheit steigt. Die Arbeit mit Ihren blanken Händen verbindet Sie mit der Natur. Wo sonst könnten Sie heimischer sein?

3. Briefe

Erinnern Sie sich, was der Wendepunkt in Klaras Kommunikation in ihrer Ehe mit Stephan war? Sie schrieb ihm einen Brief. Daraufhin fanden gemeinsame Gespräche statt, wodurch sich die beiden wieder näher kamen. Ein einfacher Papierbogen sorgte dafür, dass die „Wohngemeinschaft" ihr junges Familienglück wiederfand.

Was macht die Briefe so wertvoll? Wenn Sie selbst einen Brief verfassen, haben Sie ausreichend Zeit, Ihre Gedanken zu sortieren. Das, was Sie sonst in endlosen Gedankenschleifen in Ihrem Kopf fabrizieren, schreiben Sie einfach nieder und stoppen damit die Gedankenflut. Vielen meiner Klienten hat es bereits geholfen, sich vertrauensvoll an ein Blatt zu wenden. Ob es auch Ihnen etwas nützt? Probieren Sie es aus!

> **Aufschreiben, lesen und verbrennen**
>
> De Shazer (2010) entwickelte bereits 1969 eine Möglichkeit, wiederkehrende Gedanken auf einfachem Wege zu verhindern. Einer jungen Frau, die unter der Trennung ihres Ex-Freundes in Form zwanghafter Gedanken und Albträumen litt, empfahl der Therapeut, den Schmerz folgendermaßen zu verarbeiten:
>
> 1. Täglich sollte sie zwischen 60 und 90 min am gleichen Ort
> 2. an allen ungeraden Tagen die guten und bösen Erinnerungen an die gemeinsame Zeit aufschreiben
> 3. und an allen geraden Tagen das Verfasste lesen und verbrennen.
> 4. Wenn sie zu einer anderen Zeit diese unerwünschten Gedanken hatte, sollte sie sich bewusst machen, dass sie zur festgesetzten Zeit daran denken werde, aber nicht jetzt.
>
> Binnen drei Tagen hörten die Albträume der jungen Frau auf, nach zwei weiteren Tagen kehrten auch die negativen Gedanken nicht wieder.

6 Klara – Warum eine Depression ein Segen sein kann

In meinen Sitzungen setze ich das Verfassen eines Briefes gerne als therapeutisches Mittel ein. Klara kann Briefe an die Personen richten, die ihr in der Vergangenheit schlimmen Schaden zufügten. Traumatische Ereignisse kann sie dadurch ein Stück weit bewältigen. In Briefen, welche sie niemals abschickt, kann sie all ihren Frust, ihr Leid, ihre Trauer, ihren Hass niederschreiben. Sie muss keinen Gedanken zurückhalten, jedes Wort ist erlaubt. Was sie niemals laut aussprechen könnte, darf nun geschrieben werden. Das zugehörige Gefühl wandert damit aus Klaras Körper auf den Tisch. Damit bereinigt sie ihren Ich-Bereich, die kraftraubenden Gedanken und Gefühle nehmen ab.

Doch das ist ja nicht alles. Der Empfang eines Briefes ist ebenso wertvoll. Anders als in einem Gespräch hat man die Möglichkeit, einen Brief mehrfach zu lesen. Mehr Empathie für den Verfasser aufzubringen und ihm mehr Wohlwollen entgegenzubringen. Viele Verletzungen geschehen im Affekt. Papier aber ist geduldig, seien Sie es auch. Wenn Sie einen Brief erhalten, haben Sie ein schönes Geschenk erhalten. Wer schreibt heutzutage noch Briefe, wer hat das Glück, einen zu empfangen? Nehmen Sie die besonderen Augenblicke des Lebens nicht für gewöhnlich hin.

Einen Brief zu schreiben, liegt immer in Ihrem Ich-Bereich. Was Sie schreiben, wie oft Sie schreiben, wie Sie schreiben. All das können Sie bestimmen. Gehen Sie deshalb so vor, dass es Ihnen besser geht. Entdecken Sie das Schreiben für sich und erhöhen Sie Ihre Lebensqualität. Warum kompliziert, wenn es auch einfach geht?

Im Gegensatz dazu liegt das Erhalten eines Briefes im Nicht-Bereich. Was in dem erhaltenen Bogen steht, ist ebenfalls nicht Ihre Sache. Sind Liebesbeweise oder Anschuldigungen darin enthalten? Geben Sie es an den Nicht-Bereich ab. Erfreuen Sie sich an ihm, wenn er Ihnen wohl gesonnen ist. Doch tragen Sie nicht die Verantwortung.

Was wir aus Klaras Fall lernen können

Sieht das Leben nach den erwähnten Erkenntnissen nicht düster aus? Es gibt keine Sicherheit im Leben, Gefahren lauern überall. Was bleibt uns da schon übrig, als zu resignieren und depressiv zu werden?

Auch Klara hatte viele Gründe, ihren Kopf in den Sand zu stecken. Doch sie hat sich für den unbequemen Weg entschieden: Sie hat ihre äußeren Umstände verändert, ohne dabei die inneren Konflikte zu vernachlässigen. Voller Neugier wollte sie herausfinden, was die tatsächlichen Beweggründe für ihre Ängste sind. Über viele Jahre hatte sie keine Panik beim Autofahren: Woher rührt nun diese Herzensangst? Warum taucht sie scheinbar aus dem Nichts auf?

Indem Klara die Verantwortung für Ihre Ängste übernimmt, ist sie in der Lage, an deren Auflösung zu arbeiten. Dabei ist der wirkliche Auslöser der Angst von besonderer Bedeutung. An dieser Stelle möchte ich erwähnen, dass Ängste aber nicht nur negativ zu betrachten sind. Immerhin dienen sie als Indikator dafür, dass Klara sich nicht sicher fühlt. Das ist gewissermaßen ein Arbeitsauftrag, um die subjektive Sicherheit (und das Wohlgefühl) zu erhöhen.

Das Kapitel bietet meines Erachtens nach auch viele Gründe, hoffnungsfroh in die Zukunft zu blicken. Denn an Klaras Beispiel lernen wir, dass wir in der Lage sind, ein gesundes Selbstbild aufzubauen und neue Hobbys zu entdecken. Je wohler wir uns im Alltag fühlen, desto weniger Raum können die Ängste einnehmen. Hier sei erwähnt, dass soziale Kontakte stark mit dem Wohlbefinden zusammenhängen. Es liegt an uns, ob wir unsere Kommunikationsfähigkeit verbessern und bewusst den Kontakt zu Menschen intensivieren. Nicht nur die direkte

Konversation, sondern auch handgeschriebene Briefe können dabei ein geeignetes Mittel sein. Ehe Sie mit dem nächsten Kapitel beginnen, dürfen Sie sich gerne die Zeit nehmen und einen Brief an eine lieb gewonnene Person adressieren.

Literatur

Beesdo-Baum, K., & Wittchen, H.-U. (2011). Depressive Störungen: Major Depression und Dysthymie. In H.-U. Wittchen & J. Hoyer (Hrsg.), *Klinische Psychologie und Psychotherapie* (S. 880–911). Heidelberg: Springer.
De Shazer, S. (2010). *Wege der erfolgreichen Kurztherapie* (S. 164 f.). Stuttgart: Klett-Cotta.
Schindler, L., Hahlweg, K., & Revenstorf, D. (2007). *Partnerschaftsprobleme. Beziehungsprobleme meistern – Ein Handbuch für Paare* (3. überarb Aufl.). Berlin: Springer.

7

Joshua – Panische Angst vor Panikattacken

Nichts ist gewisser als der Tod – nichts ungewisser als seine Stunde.
Anselm von Canterbury

Joshua ist 42 Jahre alt, seit 13 Jahren glücklich verheiratet und beruflich als Bankkaufmann tätig. Doch auf die Arbeit konnte er sich in letzter Zeit kaum konzentrieren, denn er hat einen regelrechten Ärztemarathon hinter sich. Er leide unter Rücken- und Magenschmerzen, vor längeren Ausflügen auch unter Reisefieber. Seit einigen Monaten überkämen ihn zudem heftige Panikattacken. Er spüre dabei starkes Herzklopfen: „Ich befürchte dann, ich könnte einen Herzinfarkt erleiden und den morgigen Tag nicht mehr erleben." Deshalb ließ er sich von verschiedenen Ärzten untersuchen, bekam aber immer wieder zu hören, dass er kerngesund sei: Magen, Rücken, Herz, körperlich alles in Ordnung. Wenn keine somatische Ursache vorliegt, werden Erinnerungen an die Psychosomatik wach: Der Körper zeigt Symptome, weil die Psyche leidet.

Von einer guten Bekannten habe er dann von meiner Praxis und dem ganzheitlichen Ansatz erfahren.

> **Panik**
>
> Panik ist die besondere Ausprägung von Angst, die mit einem starken Gefühl von Kontrollverlust einhergeht. Die Panik zeigt uns an, dass uns das Leben entgleitet. Manchmal gibt es einen konkreten Auslöser, manchmal scheint die Panikattacke aber auch „aus dem Nichts" zu kommen. Betroffene Klienten sind meist ratlos, weil sie befürchten, man könne nichts dagegen tun und müsse auf ewig mit diesen Attacken weiterleben.

Nachdem Joshua mir seine Leidensgeschichte erzählt hatte und ich mir ein Bild davon machen konnte, geschah etwas sehr Bedeutungsvolles in der Therapie: Ich konnte Joshuas Angst vor einer weiteren Panikattacke nachempfinden und meldete ihm zurück: „Ohne Ihnen zu nahe treten zu wollen … Aber ich halte es für durchaus möglich, dass Sie einen Herzinfarkt erleiden und eines plötzlichen Todes sterben könnten." In der gesamten Therapie war das der „Schlüsselmoment". Sie möchten wissen, weshalb Psychologen manchmal zu ungewöhnlichen Mitteln greifen? Sie fragen sich, wie ich so etwas Furchtbares aussprechen kann? Und weshalb ich der Meinung bin, dass dieser Moment richtungsweisend war? Gerne gebe ich mein Bestes, auch fachfremden Personen meine Handlungen zu erläutern:

Joshua hat bislang von allen Ärzten gehört, dass er sich nicht zu sorgen oder gar zu ängstigen bräuchte, schließlich sei er gesund. Auch seine Ehefrau, seine Familienangehörigen und Bekannten zeigten kein Verständnis mehr für seine Befürchtungen. Haben Sie schon mal die Erfahrung gemacht, „nicht für ganz voll" genommen zu werden? Keine schöne Sache. Nebenbei bemerkt, wird der Genesungsprozess dadurch auch nicht gefördert, ansonsten wäre er wohl schon längst fit und gesund. An wen sich Joshua bislang auch wendete, bei kaum einem fühlte er sich und seine massive Angst verstanden.

> **Fiegenbaum-Technik**
>
> Die vollkommene Annahme und Akzeptanz dessen, was meine Klienten mir berichten, ist Bestandteil der „Fiegenbaum-Technik". Diese Bezeichnung habe ich gewählt, weil ich meine Erkenntnisse einem Dozenten im Studium, Herrn Prof. Dr. Fiegenbaum, zu verdanken habe. Wenn wir die Situation des Klienten verbessern möchten, müssen wir gewissermaßen auch in dessen Welt „eintauchen". Mögen uns bestimmte Sorgen oder Ängste nicht plausibel erscheinen, so sind sie dennoch Teil des Klienten und damit „real". Die Aufgabe des Therapeuten liegt im ersten Schritt darin, ein tiefes Verständnis zu entwickeln und mit dem Klienten auf einer Welle zu schwimmen. Dies schafft die Basis, um in der Therapie *gemeinsam* voranzuschreiten. (Vielleicht ist es aber weniger eine „Technik" als vielmehr eine Lebenseinstellung).

Obwohl die Ärzte es für unwahrscheinlich hielten, dass Joshua einen Herzinfarkt erleiden könnte, blieb seine Angst bestehen. Da ich davon ausgehe, dass Joshua seinen Körper besser kennt als jeder Arzt dieser Welt (schließlich lebt er 24 Stunden jeden Tag mit und in ihm), vertraue ich auf das, was mein Klient mir als Rückmeldung gibt. Befürchtet Joshua, einen Herzinfarkt zu erleiden, so halte ich diese Angst für berechtigt. „Mors certa, hora incerta", wusste vor knapp 1000 Jahren schon der Erzbischof von Canterbury. Wohl hatte ich bemerkt, dass Joshua etwas schockiert war, als ich ihm meine ehrliche Meinung frei und unbeschönigt mitteilte. Doch nach diesem Schrecken hatte er sich verstanden gefühlt.

Es ist natürlich möglich, dass Joshua sich gar nicht zu ängstigen bräuchte und dass seine Panik jeglicher Grundlage entbehrt. Aber das bekam er bereits von fast allen anderen Menschen, mit denen er darüber sprach, mitgeteilt; wenn ich ihm das auch noch sagen würde, wäre davon auszugehen, dass sich seine Situation nicht bessern würde. Oder meinen Sie, Psychologen hätten magische Kräfte? Falsch gedacht. Dafür verfügen wir über eine große Bereitschaft, den Ursachen der Symptome auf den Grund zu gehen, unseren Klienten aufmerksam zuzuhören und uns in ihre Situation einzufühlen.

Nun gilt es, das gewonnene Vertrauen zu nutzen und der Prise Verständnis eine Portion Psychologie beizufügen. Wenn Joshua unter Magen- oder Rückenschmerzen leidet, sind für mich die Schmerzen ausschlaggebend. Wo rühren die Schmerzen her? Wenn Joshua panische Angst um sein Herz hat, ist für mich die Angst ausschlaggebend. Wo kommt diese Angst her? Und weshalb sorgt er sich um sein Herz, nicht um seinen Kopf, sein Knie oder sein Augenlicht? Es ist an der Zeit, mehr Informationen über Joshuas Lebenssituation zu erhalten. Ehe wir uns den Schmerzen zuwenden, beginnen wir bei der wiederkehrenden Panik, dass er einen Herzinfarkt erleiden könnte.

Was macht das Herz mit uns? Es hält uns am Leben! Es versorgt uns mit Blut und nimmt es wieder auf. Manchmal wird uns „warm ums Herz", wir sind „herzberührt", oder wir spüren es so stark klopfen, dass wir meinen, es schlage Funken und Purzelbäume. Zweifelsfrei spielen die Gefühle eine große Rolle, wenn wir von unserem Herzen sprechen. Da das Herz in unmittelbarer Verbindung zur Liebe steht, frage ich nach seinem aktuellen Verhältnis zu seiner Frau.

Joshua erzählt mir, dass er mit seiner Ehefrau Sina sehr glücklich sei. Zwar wünsche er sich manchmal mehr Verständnis für seine Situation, doch ansonsten gäbe es nichts zu bemängeln. Das klingt nicht so, als würde es unbewusst Todesängste hervorrufen. „Wie steht es denn zum Verhältnis mit Ihrer Ursprungsfamilie?", möchte ich wissen, denn wenn wir über das Herz sprechen, ist das Elternhaus nicht weit.

„Wie soll ich das Verhältnis zu meiner Familie beschreiben?", überlegt Joshua laut. „Meine Eltern sind noch verheiratet, zudem habe ich eine ältere Schwester. Mittlerweile vertragen wir uns alle, doch eine richtig gute Beziehung besteht zu keinem der dreien." Früher hätten sie sich regelmäßig in die Haare bekommen, insbesondere mit seinem Vater kam es immer wieder zu heftigen Auseinandersetzungen. „Ich hatte immer das Gefühl, als gehörte ich nicht so richtig in diese Familie, als sei ich anders geartet als sie". Das ist ein Schmerz, den wohl viele Menschen nachempfinden können. Doch ob es genügt, um Todesängste heraufzubeschwören? In meinen Augen nicht. So ist das als Therapeut: Wir können aufgrund der Erfahrung gezielte Annahmen treffen, aber das heißt nicht, dass diese immer bestätigt werden. Wo finden wir nun die Wurzel seiner Angst, an einem Herzinfarkt zu sterben?

Die Ursachenforschung gestaltete sich etwas komplizierter als angenommen. Ich stellte viele Fragen, doch die Antworten waren unbefriedigend, wenn es um die Erklärung von Todesangst ging. Also sprachen wir intensiver über seine weiteren Symptome – die Rückenschmerzen, die Magenprobleme, das Reisefieber. Wir sprachen über den Alltag. Seine Arbeit empfinde er als große Belastung, er quäle sich morgens aus dem Bett und hoffe dann, dass es bald 17 Uhr würde: Feierabend. Den meisten seiner Kollegen gehe er lieber aus dem Weg, und von seiner Chefin halte er nicht viel. Den ganzen Tag mit Zahlen zu hantieren mache ihm mittlerweile auch keine Freude mehr. Insgesamt empfinde er die Stunden in der Bank als Zeitverschwendung. „Ob ich da bin oder nicht, interessiert niemanden. Wenn die Stechuhr nicht vorhanden wäre, würde es kaum jemandem auffallen, wenn ich fehlen würde." Joshua verspürt eine große Abneigung, sich täglich 8,5 h in der Bank aufzuhalten, doch aufgrund des Gehalts macht er es trotzdem. Im übertragenen Sinne nimmt er für's Geld die Qualen in Kauf, er „schluckt" die Konflikte einfach – und sein Magen muss es ausbaden. Gut, dass dieser reagiert und verschiedene Symptome zeigt.

Wir arbeiten zusammen an seiner Einstellung, in die Bank zu gehen und dort seinen Job zu verrichten. Wir arbeiten auch an seinen verborgenen Gefühlen, manchmal keimt Wut auf oder es dringt Ohnmacht durch. Die gemeinsamen Sitzungen erstrecken sich auch auf seine empfundenen Belastungen. Denn je mehr Last wir von seinen Schultern nehmen, desto weniger muss sein Rücken leisten. Hie und da verspürt er eine Besserung, aber zufrieden oder gar glücklich wirkt er nicht. „Die Angst vor einer weiteren Panikattacke und die Sorge um mein Herz igeln mich zu Hause ein: Ich gehe nicht mehr zu meinen Freunden, meide Sport, vermeide es zu reisen, obwohl mir das immer viel Freude bereitet hatte. Dann ist sofort die Angst da: Was ist, wenn etwas passiert? Vielleicht auf der Hin- oder Rückfahrt?" Mit der zunehmenden Angst habe er sein Leben immer weiter eingeschränkt. Manchmal setze er sich über seine Befürchtungen hinweg und reise hinaus in die Welt, um neue Eindrücke zu sammeln, doch mit seinen Gedanken sei er permanent bei seinem Herzen. „Deshalb kann ich es gleich bleiben lassen", stellt er enttäuscht fest. Wohl wahr. Die Frage nach dem Keim der Todesangst bleibt aber bestehen.

Wir machen einen kleinen Sprung und spulen einige Sitzungen nach vorne. Eines Tages erfuhr ich, dass Joshua im letzten Jahr zwei tragische Verluste erlitten hatte: Seine geliebte Oma sei nach langem Krankenhausaufenthalt verstorben, was ihn schwer traf. Doch noch entsetzlicher sei der zweite Todesfall: Eine gute Freundin hätte sich vor einigen Monaten selbst das Leben genommen. Kein Wunder, dass ihm das ans Herz geht.

> **Angstmodell der Kognitionspsychologie**
>
> Das psychophysiologische Modell der Angstanfälle nach Ehlers und Margraf (1989)
> beschreibt die Entstehung von Ängsten und Panik. Aufgrund innerer oder äußerer Reize wird ein Angstanfall ausgelöst. Dadurch entstehen körperliche Veränderungen (in Joshuas Fall beispielsweise starkes Herzklopfen). Die selektive Aufmerksamkeit von Angstpatienten sorgt dafür, dass diese Veränderungen intensiv wahrgenommen werden (erster kognitiver Prozess). Zudem werden diese Veränderungen als gefährlich eingestuft (zweiter kognitiver Prozess).

Mein Klient berichtet auf Nachfrage hin, dass die beiden Verluste zwar schmerzhaft seien, doch dass jeder sterben müsse und man den Tod eben nicht verhindern könne. Klingt einleuchtend? Obacht! Gefühl und Verstand gehen hier sicherlich nicht Hand in Hand. Der Kopf kann den Tod nachvollziehen, doch für das Herz bleibt es ein schlimmer Verlust. Joshua spricht über das Hinscheiden zweier ihm nahestehender Menschen, doch da fließt keine Träne. Ist das nicht merkwürdig? Offensichtlich unterbindet er seine Empfindungen. Panik ist ein Gefühl, deshalb muss sich Joshua den Emotionen zuwenden, wenn er die Panik ablegen möchte. Viele Gefühle können unterdrückt werden, doch das hält den Körper nicht ab, seine Empfindungen der Welt präsentieren zu wollen. Der Wunsch kann so mächtig sein, dass er sogar Panikattacken zeigt – das bedeutet Alarmstufe Rot! Diese Attacken lassen sich nicht mehr unterbinden, der Körper spielt nicht mehr mit. Notstand wurde ausgerufen und wir tun gut daran, wenn wir schleunigst damit beginnen, uns der Gefühlswelt zu öffnen.

„Bislang haben Sie über Ihre Erfahrungen und Gedanken in Bezug auf die tragischen Verluste gesprochen. Doch wie fühlen Sie sich damit?" Joshua führt aus, dass er dabei kaum etwas spüre. „Das ist ganz weit weg, ich habe das unter den Teppich gekehrt, wie man so schön sagt." Schön klingt das in meinen Ohren nicht. „Dann holen Sie es wieder hervor", fordere ich ihn auf. „Bitte? Wie soll ich das denn machen?" Ich gebe ihm ein paar Möglichkeiten mit auf den Heimweg: Er könnte sich Bilder der verstorbenen Personen anschauen, er könnte deren Grab besuchen, ihnen einen Brief schreiben, mit Nahestehenden über sie sprechen … Welche Technik er ausprobiert, spielt nur eine untergeordnete Rolle. Entscheidend ist, dass er an seine Gefühle kommt und die Trauer nachempfinden kann.

Vor Beginn der Therapie nahm Joshua seine Umstände hin und wartete darauf, dass es vorbei ist. Mit dem Schritt, einen Therapeuten aufzusuchen, hat er sich entschlossen, etwas zu ändern. Raus aus den alten Schuhen sozusagen! In den folgenden Sitzungen holt Joshua den Trauerprozess nach, wir besprechen sehr intensiv den Verlust seiner Großmutter (linker Schuh) und den seiner guten Freundin (rechter Schuh). Er schaut sich Bilder der beiden Verstorbenen an, ruft seine Erinnerungen damit ins Bewusstsein und entlastet sein Unterbewusstsein. Er besucht die Grabstätte seiner Oma und lässt dabei den Tränen freien Lauf. Das Grab seiner viel zu früh verstorbenen Bekannten kann er nicht direkt besuchen, etwas in ihm wehrt sich dagegen. Es ist weder schön noch leicht, Schmerzen zuzulassen. Doch selbst das gelingt ihm nach und nach. Schon bald berichtet er, dass er sich inzwischen viel öfter „irgendwie gut" fühle – und wir Psychologen fühlen uns gut, wenn sich unser Klient gut fühlt.

An dieser Stelle noch eine kleine Randnotiz: Joshua hatte mir berichtet, dass er seit dem Tod seiner Großmutter seine Gefühle immer mehr unterdrückte. Dadurch konnte er zwar manche Träne verhindern, doch große Glücksgefühle hatte er auch nicht mehr. Weder zu Hause noch auf seinen Reisen – und in der Bank ohnehin nicht. Muss es da verwundern, wenn man sich um sein Herz sorgt? Lebt ein Herz, das nur noch aus Routine schlägt?

Die Verarbeitung seiner Kümmernisse ist aber nicht das einzige, woran wir arbeiten. Joshua soll nicht nur verhindern, dass ihm das Leben weiter entgleitet, sondern wieder voll und ganz am Leben teilhaben, es bis in die Fingerspitzen aufsaugen. Jedes Sentiment soll wahrgenommen, jede Empfindung zugelassen und ausgelebt werden. Um Panik langfristig vorzubeugen, rate ich ihm, mehr mit seinen Händen zu arbeiten. Wer im Büro sitzt und mit Zahlen zu tun hat, trainiert Kopf und Verstand, vernachlässigt aber den Körper und die Natur. Als Rezept verschreibe ich deshalb einfache Garten- und Holzarbeiten mit bloßer Hand.

Um das Bewusstsein zu schärfen oder zur Ruhe zu kommen, führen wir Atem- und Imaginationsübungen durch. Zudem erhält Joshua „Hausaufgaben": Offene Wunden aus der Kindheit sollen Stich für Stich genäht, die Nähe zu seiner Familie weiter herbeigeführt und die angestauten Emotionen aus der Vergangenheit freigesetzt und ausgelebt werden. Der vor lauter Angst paralysierte Klient ist also zu einer fleißigen Biene mutiert ... und in meiner Praxis fließt jetzt Honig: ein halbes Paradies.

> **Wie Sie noch glücklicher werden**
>
> Damit Sie mehr Glück erleben, können Sie sich ebenfalls dieser Techniken bedienen: Empfindungen ausleben, Atemübungen durchführen, Erlebtes aufarbeiten, das „innere Kind" wahrnehmen, ein Sonnentagebuch führen (s. u.) oder im Garten mit den bloßen Händen arbeiten.
> Wenn Sie nicht weiter kommen, ziehen Sie auch in Erwägung, sich unter professioneller Hilfe anleiten zu lassen. Dieser Ratgeber kann Ihnen hoffentlich eine Stütze sein. Sollten Sie eine weitere Stütze benötigen, können Ihnen Psychologen und Therapeuten unter die Arme greifen. Aber auch Sie müssen sich in eine fleißige Biene verwandeln, wenn etwas besser werden soll.

Analyse zu Fall „Joshua"

Wollen auch wir fleißig sein und bei der anstehenden Analyse das Ich kann!-Prinzip zurate ziehen:

1. Krankheiten

Joshua rennt von Arzt zu Arzt, um das bestätigt zu bekommen, was er fühlt: Dass mit seinem Körper etwas nicht stimmt. Das möchte ich zum Anlass nehmen, um ein paar Gedanken zu körperlichen und seelischen Krankheiten zu äußern.

Warum erkranken wir? Schlechte Ernährung? Schlechte Umstände? Schlechte Gene? Oder haben wir uns bei anderen infiziert? Welche Ursachen legen Sie Ihren eigenen Krankheiten zugrunde? Bei Grippe und Erkältung glauben viele Menschen, dass sie sich angesteckt haben. Körperliches Über- oder Untergewicht wird meist auf nicht ausgewogene Ernährung zurückgeführt.

Worin wir selbst den Ursprung unserer Krankheit sehen, fällt natürlich in den Ich-Bereich. An wen wir uns damit wenden und ob wir die Kontrolle abgeben, ebenso. Sie haben Kopfschmerzen und gehen zum Arzt: er soll das richten, er soll sich um Sie kümmern und Sie von den Schmerzen befreien. Dadurch geben Sie die Verantwortung und die Kontrolle ab. Ich wünsche Ihnen deshalb, dass Ihr behandelnder Arzt äußerst kompetent ist.

Wenn Sie das in fremde Hände geben, haben Sie Ihr Glück nur noch bedingt selbst in der Hand. Hüten Sie sich deshalb davor, in eine Konsumhaltung zu verfallen; dergestalt, dass ihr Arzt alles gerade biegen soll. Bleiben Sie selbst aktiv! Sie haben zwei Hände und einen Kopf, um Ihre Gesundheit zu erhalten und herbeizuführen. Informieren Sie sich selbst und setzen Sie um, was Ihnen gesund und richtig erscheint. Sprechen Sie mit Ihrem Arzt, fragen Sie ihn aus, seien Sie nach dem Besuch schlauer als zuvor.

> **Gesundheit hat einen hohen Stellenwert**
>
> Die Gesundheit zählt zu den wichtigsten Bereichen im Leben (Hinz et al. 2010). In der durchgeführten Studie wurde herausgefunden, dass die Wichtigkeit von Gesundheit mit dem Alter immer weiter zunimmt. Hingegen wurden keine Unterschiede bei den Wichtigkeitsrankings in Bezug auf das Geschlecht oder die soziale Schicht festgestellt.

Sie meinen, dass Sie Ihre Depression geerbt haben, weil Ihre Mutter auch schon darunter litt? Und Sie sind davon überzeugt, dass die DNA nicht verändert werden kann? Dann stehen die Heilungschancen sehr schlecht, vermutlich sogar bei Null. Wie soll ein Arzt oder Therapeut das bewerkstelligen? Um einen Heilungserfolg genießen zu dürfen, sollten Sie an Ihrer Überzeugung arbeiten.

Auf den Punkt gebracht: All das, was Sie nicht verantworten möchten, können Sie nicht verändern. Bildlich gesprochen packen Sie die Krankheit, stecken sie in den Nicht-Bereich und wenden sich von ihr ab. Was sich im Nicht-Bereich befindet, kann nur zufällig besser werden – nicht aber durch Sie selbst! Wenn Sie darüber hinaus der Meinung sind, dass Ihnen kein Chirurg, kein Neurologe, kein Psychologe helfen kann, werden Sie kaum gesund werden. Das ist schade. Schade für Sie.

2. Selbst aktiv werden
Wir Therapeuten machen Angebote: Über das Erlebte zu sprechen, abgestoßene Emotionen wieder wahrzunehmen (zur Unterstützung könnten Sie prägende Orte aus Ihrer Kindheit aufsuchen) und auszuleben, einen Brief zu schreiben, den Tag mit einer Atemübung zu beginnen und neue Freizeitaktivitäten zu erproben ... Das ist ein Angebot, mehr nicht. Umsetzen müssen Sie das selbst! Wissen allein genügt in diesem Falle nicht: Wenn Sie wissen, wie Sie gesund werden, diese Schritte aber nicht durchführen, fördert das Ihre Genesung nicht.

Tatkraft heißt das Zaubermittel, das Sie sich schon so lange wünschen. Tun Sie was für Ihr Wohlergehen. Nicht der Arzt, nicht der Psychologe, nicht die Umwelt: Sie selbst müssen etwas tun. Sie wissen sicherlich, was Ihnen gut tut. Doch setzen Sie das auch um? Arbeiten Sie so viel, wie es Ihnen zusagt? Wohnen Sie an dem Ort, der Ihnen das Gefühl von Heimat vermittelt? Sehen Sie die Menschen, die Sie gerne um sich haben?

> **Sonnentagebuch**
>
> Legen Sie sich Ihr eigenes Sonnentagebuch an. Dazu kaufen Sie sich ein besonders schönes, kleines Notizbuch und den tollsten Stift. (Alte Zettel und Kuli genügen auch).

7 Joshua – Panische Angst vor Panikattacken

> Jeden (!) Abend schreiben Sie mindestens drei angenehme Dinge auf, die Sie während des Tages erlebt haben. Vielleicht kitzelten Sie die Sonnenstrahlen auf der Nase, Sie haben ein Kompliment erhalten oder hatten einen guten Einfall. Schreiben Sie es auf und spüren Sie nochmals die Freude, die der Moment ausgelöst hast.
>
> Wenn manch Mittag schon finster wie die Nacht erscheint, öffnen Sie Ihr kleines, sonniges Tagebuch und lesen Sie darin. Die Lichtstrahlen erhellen Ihr Gemüt.

Alles, was nicht Ihrer Vorstellung entspricht, sollten Sie am Schopfe packen und neu frisieren! Können Sie das? Natürlich, weil Ihre Handlungen immer im Ich-Bereich liegen. Sie allein sind dafür zuständig, was Sie tun und lassen. Sie allein können Ihrem grauen Alltag einen neuen Farbanstrich verpassen.

Sie meinen, das passt nicht zu Ihrem bisherigen Leben? Was schert es Sie, was bisher war? Bisher ist Vergangenheit, Vergangenheit ist Nicht-Bereich, Nicht-Bereich ist Ohnmacht. Ich möchte Sie eindrücklich davor warnen, sich selbst ohnmächtig zu machen. Es gibt im Leben genügend Vorkommnisse, denen wir hilflos ausgeliefert sind. Da können wir auf überflüssige, zusätzliche Ohnmachten getrost verzichten – und Sie auch!

Joshua hat begriffen, dass nichts besser wird, wenn er nichts unternimmt. Das mögen viele Leser auch verstanden haben, aber: Was unterscheidet den durchschnittlichen Leser von Joshua? Joshua wurde daraufhin aktiv! Obwohl er Bedenken und Ängste hatte, suchte er einen Therapeuten auf, trotz der Furcht vor der Trauer hat er Trauerarbeit geleistet. Leicht war das nicht für ihn. Dass es leicht werden würde, hat ja auch keiner behauptet. Ich behaupte stattdessen, dass es schwer wird, sehr schwer sogar. Ob es Ihnen dennoch gelingt …?

3. Weine nicht nur, wenn der Regen fällt

Joshua schaute sich alte Fotos an, um die Trauer zuzulassen und Tränen heraufzubeschwören. Auch am Grab floss das salzige Wasser über seine Wangen. Er hat verstanden, dass es auf Dauer die Lebensqualität nur senken kann, wenn wir zurückhalten, was sich zeigen möchte. Erinnern Sie sich an die drei Ebenen – Gefühle, Gedanken und Handlungen? Indem Joshua seinen Emotionen Ausdruck verleiht, werden sein Kopf freier und die Hände fleißiger.

Sie haben begriffen, dass die Emotionen den wohl mächtigsten Faktor Ihres Ich-Bereichs darstellen? Außerdem sind Sie sich mehr denn je bewusst, dass Sie Ihre Emotionen ausleben sollten? Dann nutzen Sie die Gelegenheit und greifen Sie schnell nach Ihren Taschentüchern, Sie werden sie gleich benötigen. Wo gehobelt wird, da fallen Späne. Ich möchte hinzufügen: Wo therapiert wird, da kullert ′ne Träne.

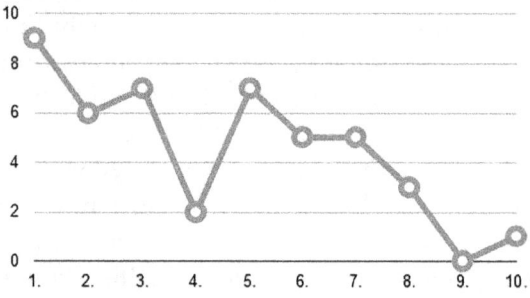

Taschentuch-Bilanz

Damit Sie sehen, was auf Sie zukommen kann, wenn sich Ihre Situation bessern soll, liste ich hier den geschätzten Taschentuch-Verbrauch einer Klientin auf. (X-Achse = Therapiesitzung; Y-Achse = Anzahl Taschentücher)

Welches Gefühl stellt sich ein, wenn wir Tränen zulassen? In der Regel fühlen wir uns nach heftigem Weinen und Schluchzen leichter und freier. Joshua hatte mir Ähnliches berichtet. Die eigentliche Trauer und das beklommene Gefühl erreichen *vor* dem Weinen ihren Höhepunkt. *Nachdem* die Tränen geflossen sind, sieht die Welt meist besser aus. Zwischen diesen beiden liegt der Prozess des Emotionsauslebens. Diesen können nur Sie herbeiführen, für diesen sind Sie verantwortlich, er fällt in Ihren Ich-Bereich. Therapeuten können eine Stütze dabei sein, an diese Emotionen zu gelangen. Doch sind Sie bereit, diese Hilfe aufzusuchen und zuzulassen?

Üben wir das Weinen mit einem Gedankenspiel: Stellen Sie sich vor, auch Sie würden einen geliebten Menschen verlieren. Ob Partner, Mutter, Kind spielt dabei keine Rolle. Spüren Sie die Nähe zu diesem Menschen und den Verlust desjenigen. Spüren Sie die Schmerzen, fühlen Sie sich immer tiefer in diese hinein, ohne dabei ihre Tränen zurückzuhalten. Sie sollen nicht nur ein paar Tränen vergießen, nein, da muss Rotz und Wasser fließen.

Nun erinnern Sie sich an die Menschen, die bisher aus ihrem Leben geschieden sind. Bluten diese Wunden noch?

Was wir aus Joshuas Fall lernen können

Der Bankkaufmann leidet seit geraumer Zeit unter Panikattacken, bangt um sein Herz, befürchtet einen plötzlichen Tod – doch bislang hat er sich durch sein Umfeld nicht verstanden gefühlt. Eng Vetraute haben versucht, ihn zu beschwichtigen, doch besser wurde seine Situation dadurch nicht. Da ihm selbst verschiedene Ärzte nicht weiterhelfen konnten, erhoffte er Hilfe bei mir. Mittels der „Fiegenbaum-Technik" überraschte ich ihn zwar, doch immerhin hatte sich Joshua fortan verstanden gefühlt.

Die Grundlage war geschaffen, um die Auslöser seiner Panik und die Sorge um sein Herz herauszufinden. Es dauert eine Weile, ehe wir fast zufällig auf seine Leidensgeschichte stoßen: Den Tod seiner Großmutter und den Suizid seiner guten Freundin hat er bislang nicht verkraften können. Indem er sich mit seinen schmerzhaften Erlebnissen auseinandersetzt, beispielsweise das Grab besucht, öffnet er sich seinem Innenleben: Das Fundament für eine erfolgreiche Therapie steht!

Generell halte ich viel davon, wenn wir Menschen unsere Emotionen nicht verdrängen, sondern ausleben (ohne dabei anderen Schaden zuzufügen). Unser Alltag wird schöner werden, wenn wir Seelenregungen wie Trauer und Wut Raum geben und damit das Erleben und Ausleben unserer Gefühle in Gleichgewicht bringen.

Joshua forciert Veränderungen, um seine Situation zu verbessern. Er gräbt den Garten um, führt Atemübungen durch und konfrontiert sich mit längst verdrängten Erlebnissen aus der Kindheit. Ergo: Er wird selbst aktiv, mutiert zur fleißigen Biene, anstatt auf Besserung von außen zu warten. Bewirken auch Sie Veränderungen in Ihrem Leben und prüfen Sie hinterher, ob die erhofften Sprünge dadurch eingetreten sind.

Was Sie aus diesem Kapitel hoffentlich ebenfalls mitgenommen haben, ist, dass Sie Ihre Krankheiten oder Leiden nicht an unveränderliche, äußere Faktoren oder Personen abgeben sollten. Ansonsten sind Sie Ihren körperlichen, geistigen und psychischen Störungen hilflos ausgesetzt. Arbeiten Sie an Ihren Überzeugungen, übernehmen Sie (zumindest zu Teilen) die Verantwortung für Ihre Krankheiten, erkennen Sie Ursachen und verändern Sie einige Umstände. Erinnern Sie sich an das Vorwort dieses Buches? „Alles, was schlechter werden kann, kann auch besser werden."

Literatur

Ehlers, A., & Margraf, J. (1989). The psychophysiological model of panic. In P. M. G. Emmelkamp, W. Everead, F. Kraaymaat, & M. van Son (Hrsg.), *Fresh perspectives on anxiety disorders*. Amsterdam: Swets & Zeitlinger.

Hinz, A., Hübscher, U., Brähler, E., & Berth, H. (2010). Ist Gesundheit das höchste Gut? – Ergebnisse einer bevölkerungsrepräsentativen Umfrage zur subjektiven Bedeutung der Gesundheit. *Gesundheitswesen, 72,* 897–903.

8

Felicitas – Schlafproblem heißt, das Problem löst sich nicht im Schlaf

Der Schlaflose multipliziert die Ereignisse.
Hans Arndt

In diesem Kapitel möchte ich Ihnen die Therapiestunden mit Felicitas darlegen. Felicitas ist eine 36-jährige, auffallend schick gekleidete Frau. Ihr lockiges, tiefschwarzes Haar fällt ihr lang über die Schultern. Ihren italienischen Wurzeln hätte sie ihr Temperament zu verdanken und ohne lange zu fackeln, berichtet sie über Ihren Leidensdruck:

Felicitas führt seit einigen Jahren eine Partnerschaft mit René. Die ersten Wochen und Monate seien „einzigartig" gewesen. Das Glück habe sich in ihren Alltag geschlichen und wohnte darin. Die beiden hätten viel erlebt, viel unternommen und alle Ausflüge seien vom „schönen Licht des Verliebtseins umhüllt" gewesen, wie sich Felicitas malerisch ausdrückt. Doch physikalisch gesehen ist Licht rasend schnell und auch dieses sei längst nicht mehr am selben Ort. Aus welchem aktuellen Anlass sie hier sei?

René habe ihr vergangene Woche einen Heiratsantrag gemacht, worüber sie sich im ersten Moment freute und „Ja" sagte. Nun bekäme sie aber kalte Füße: „Ich weiß gar nicht, ob ich ihn heiraten möchte."

Spricht da die „Midlife-Crisis"? Vorab gilt es zu klären, ob Felicitas generell unzufrieden ist oder ob sich ihr Unbehagen auf die Paarbeziehung beschränkt. Sie berichtet, dass sie sich insgesamt wohl fühlen würde. Die Arbeit sei zwar sehr anstrengend, mache aber Spaß und mit den meisten ihrer Kolleginnen verstehe sie sich sehr gut. Als ich nach ihrer alltäglichen Woche frage, sagt sie, unter der Woche müsse sie viel arbeiten. Abends wäre sie mit René zu Hause. Er säße vor dem Laptop, sie hingegen würde kochen, fernsehen oder lesen. „Gemeinsam unternehmen wir nichts mehr. Das scheint ihm nichts mehr zu bedeuten." Am Wochenende treffe sie sich mit Freundinnen oder mit ihrer Schwester. Hin und wieder mache sie auch Sport: „Die üblichen Sachen halt". Klingt eintönig.

„Haben Sie sich Ihr Leben so gewünscht?", bohre ich nach. Sie verneint. „Dieses aneinander Vorbeileben und Vorbeilieben ist nichts für mich. Da krieg' ich die Motten". Je länger die Liebesbeziehung andauere, desto schlimmer würde es. René lebe in seinem „Kokon" und sie finde kaum einen Zugang zu ihm. Er hätte keine Lust auf Familienfeste, würde abends nicht in Clubs oder ins Kino wollen, Essen gehen wäre auch nichts für ihn. „Er meint, das könne er zu Hause doch auch billiger haben" und schüttelt den Kopf. Sie holt weiter aus: „Was ich an Temperament zu viel habe, hat er wohl zu wenig. Ihm genügt es, morgens zur Arbeit zu fahren, abends heimzukommen und sich dann vor den verdammten Rechner zu setzen. Reden, essen, schlafen – ist alles Nebensache für ihn."

Wer ist in Therapie? Felicitas. Über wen sprechen wir? René. Da läuft etwas verkehrt, so ist das nicht gedacht. Kleine Ausführungen dulde ich, doch der Schwerpunkt sollte immer beim Klienten liegen.

> **Alle Lichter auf den Klienten**
>
> In meinen Therapien möchte ich meine Klienten kennenlernen. Welche Gefühle haben sie? Was geht in ihrem Kopf vor? Was sind ihre Ziele, Wünsche, Einstellungen?
> Was die Mitmenschen machen oder sagen, kümmert mich hingegen kaum. Mich interessiert aber, was meine Klienten dabei fühlen und denken, wenn die Mitmenschen handeln. Entsprechend sollten die Gespräche auch gewichtet sein: In erster Linie geht es um die Person, die mir gegenüber auf dem Sessel sitzt, und nur nebensächlich geht es darum, was andere sagen, denken oder fühlen. Das *Spotlight* liegt nicht auf mir, nicht auf anderen – sondern auf dem Klienten.

„Jetzt haben Sie über René gesprochen. Doch was ist mit Ihnen? Wie sind Sie?" Sie beschreibt sich als unternehmungslustig und spontan. Außerdem sei ihr das Familienleben wichtig: Nähe, Geborgenheit und Zusammenhalt könne man nur in harmonischen Familien intensiv erfahren. Gerne hätte sie auch bald eigene Kinder. „Aber nicht unbedingt von einem Mann, bei dem ich befürchten muss, dass ihm der Bildschirm essenzieller ist als seine eigene Tochter." Scharf formulierte Worte. Und erneut versucht sie, von sich abzulenken.

„Sie sagten vorhin, so hätten Sie sich Ihr Leben nicht gewünscht. Teilen Sie mir mit, wie Ihr Leben aussähe, wenn es nach Wunsch laufen würde?"

„Mein Lächeln wäre breiter und die Augen würden leuchten", lacht sie gelöst. Ein erster Glanz schimmert tatsächlich auf ihren Pupillen. Wenn es nach ihr ginge, würde sie viel häufiger nach der Arbeit noch etwas unternehmen. Aber nicht alleine, sondern mit einem Partner. Sie würde die alltäglichen Aufgaben gerne gemeinsam erledigen. Essen zubereiten, Einkaufen gehen, Sport treiben oder das Altglas entsorgen; Tätigkeiten wie diese würden zu zweit mehr Spaß machen. Im Job würde sie gerne weniger arbeiten und mehr Geld verdienen. „Doch das wollen vermutlich alle", lächelt sie. „Und wenn ich mir noch etwas wünschen darf, dann endlich wieder normal schlafen zu können. Abends schnell einzuschlafen und morgens fit aufzuwachen, das wäre toll!"

Schlafprobleme sind heutzutage weit verbreitet. Psychologen, Fachärzte und Naturheilpraktiker haben ganz unterschiedliche Ansätze, mit dieser Problematik umzugehen. Wir alle möchten unseren Klienten bzw. Patienten helfen, doch jeder auf seine eigene Weise. In diesem Falle stelle ich eine Annahme auf: Alles, was wir denken, aber nicht mitteilen, bleibt vermutlich im Kopf hängen. Wenn wir von Sorgen und Zweifeln geplagt sind, verwundert es nicht, dass wir abends keine Ruhe finden. Deswegen bitte ich Felicitas, jeden Abend zwischen 30 und 60 Minuten das aufzuschreiben, was ihr tagsüber durch den Kopf ging. „Was beschäftigt Sie, was verdrängen Sie? Nehmen Sie sich vor dem Schlafengehen die Zeit und schreiben Sie alles auf." Dadurch katapultiert Felicitas ihre Gedanken vom Gehirn aufs Blatt und die Ruhe kann wieder Einzug nehmen. „Außerdem sollten Sie Ihr Schlafzimmer zur Ruhestätte erklären. Lesen Sie im Wohnzimmer, legen Sie Ihr Smartphone in einen anderen Raum und schalten Sie im Bett auf Schlafmodus. Auch Ihr Unterbewusstsein soll registrieren, dass Sie im Bett nur zu schlafen brauchen."

In der nächsten Sitzung wirkt Felicitas entspannter. „In der vorletzten Nacht habe ich wie ein Baby geschlafen", freut sie sich. An diesem Tag sei zuvor aber auch viel passiert. Mit René hätte sie sich stark gezofft, er sei dann zu einem Freund gefahren, sie blieb alleine in der Wohnung. „Einige Taschentücher haben mir dann Trost gespendet", schiebt sie ein. Sie habe dann meinen Rat befolgt und sich die Trauer von der Seele geschrieben. „Ich habe nicht auf die Uhr geschaut, aber eine Stunde war das bestimmt." „Was haben Sie dabei verspürt?", möchte ich wissen.

"Erleichterung! Hätte mir das vorher jemand gesagt, hätte ich mir das nicht vorstellen können. Aber als ich das Briefpapier weglegte, war ich unheimlich entspannt. So habe ich dann auch geschlafen."

Um Schlafprobleme dauerhaft zu beseitigen, genügen in der Regel keine ein, zwei Tipps. Wenn es so leicht wäre, hätten sicherlich alle Menschen einen gesunden, angenehmen Schlaf. In einer Metapher ausgedrückt, vergleiche ich das Unterbewusstsein gerne mit der Nacht, das Bewusstsein hingegen mit dem Tag. Wenn wir keinen Schlaf finden, deutet das darauf hin, dass das Problem auf das Unterbewusstsein zurückzuführen ist. Mittelfristig gilt es herauszufinden, welche Gedanken, Wünsche oder Emotionen Felicitas verdrängt – diese somit aus dem Bewusstsein verbannt und in ihr Unterbewusstsein abgeschoben hat. Dass Felicitas eine Nacht sehr gut geschlafen hat, ist schön. Doch wenn das langfristig so bleiben soll, muss sie auch langfristig aktiv bleiben: Gefühlseindrücke verarbeiten, damit der Kopf seine Ruhe hat. Als ich ihr das mitteile, ist sie wenig begeistert. Aber sie dachte sich schon, dass da noch weitere Arbeit auf sie warte und bemerkt treffend: „Deshalb bin ja hier!"

> **Das persönliche Puzzle**
>
> Erschaffen Sie ein eigenes, persönliches Puzzle und stärken Sie damit Ihr Selbstbewusstsein. Die Anleitung ist dabei sehr einfach: Fügen Sie in das Puzzle alles ein, was Ihnen an Ihnen selbst gefällt. Denken Sie an Ihre Talente, an Ihre Fertigkeiten, an alles, was Sie gut können oder Ihnen selbst gefällt. Denken Sie an alle vergangenen, positiven Erfahrungen und fügen Sie sie Ihrem Puzzle hinzu. Machen Sie das Puzzle zu einem Schatz, der Sie ein Leben lang bereichert. Für mehr Informationen werfen Sie einen Blick in das Kapitel „Das persönliche Puzzle" (Hüttner 2017).

War das ein Arbeitsauftrag? Also gut, machen wir weiter. Nicht nur Konflikte und Streitigkeiten schwächen das Selbstbild. Auch das Gefühl, dass der Partner lieber vor dem Rechner sitzt als Arm in Arm auf der Couch, trägt dazu bei. Um Felicitas' Selbstbewusstsein zu stärken, nutzen wir das Mittel des „Persönlichen Puzzles" (siehe Kasten). Dann wenden wir uns wieder ihrer Beziehung zu: Felicitas erzählt, dass ihr in den letzten Tagen auch bewusst wurde, dass sie nahezu nichts mit René rede. „Guten Morgen" und „Hi" wären meistens die Hauptbestandteile ihrer Konversation. Er wüsste nicht, was sie mache, wie es ihr gehe, was sie fühle und denke. „Ich glaube, das interessiert ihn auch überhaupt nicht."

Haben Sie es bemerkt? Wieder sind wir bei René. Es fällt auch auf, dass Felicitas von ihrem Partner gefragt werden möchte, was sie denkt und fühlt. Doch fragt sie René nach seinem Befinden? Ich hake bei ihr nach. Sie stutzt. „Nein, ich mache das auch nicht bei ihm. Darf ich das dann nicht erwarten?", fragt sie in den Raum hinein. Hm, war das eine rhetorische Frage? Ich warte ab, ob sie meine Meinung dazu hören möchte. Nach einigen Sekunden äußere ich mich schließlich: „Wenn wir Erwartungen an andere stellen, können diese erfüllt werden oder unerfüllt bleiben. Deshalb leben wir leichter, wenn wir darauf verzichten. In meinen Augen kann es zudem hilfreich sein, so zu handeln, wie wir uns das von anderen wünschen." Ich bitte Felicitas, in der kommenden Woche all die Dinge selbst umzusetzen, die sie sich von anderen wünsche. „Ui, das ist ja eine Mammutaufgabe", prescht sie dazwischen. Ich reiche ihr zum Abschied die Hand und erwähne beiläufig: „Sie wissen doch … ein Mammut bezwingt man nicht mit Kraft, sondern mit List".

> **Offenbaren Sie sich**
>
> Nicht die bloße Mitteilung über persönliche Ereignisse fördert unsere psychische Gesundheit, sondern vorrangig das Offenbaren der Emotionen, die uns dabei begleitet haben.
> Kowalski (1999) fand heraus, dass es sich in vielerlei Hinsicht lohnen kann, sich zu öffnen und über belastende Gefühle zu sprechen. Reden Sie sich alles von der Seele! Die Empfindungen werden dadurch abgeschwächt; man kann sich mit ihnen besser auseinandersetzen und sie ins richtige Licht rücken; zudem bemerkt man manchmal, dass andere Menschen ähnliche Erfahrungen machten oder man erhält Unterstützung von anderen.

„Lebt das Mammut noch?", begrüße ich Felicitas zur nächsten Therapiestunde. „Tot ist es nicht, aber angeschlagen", grinst sie vergnügt. „Ich habe mir aber allergrößte Mühe gegeben." Sie erzählt mir ausführlich, dass sie in dieser Woche noch mehr auf sich geachtet hat und weitestgehend das umsetzen konnte, was sie sich von anderen erhoffe. „An einigen Tagen habe ich René gefragt, wie es in der Arbeit war. Zuerst meinte er nur ‚gut' und ging dann zu seinem Laptop. Doch beim Essen habe ich dann nachgehakt, was er denn damit meinen würde." René sei dann gesprächiger geworden und habe sich mehr geöffnet. Zuletzt habe er auch mehr Interesse an ihr gezeigt und verschiedene Fragen gestellt. „Diese Woche haben wir so viel miteinander geredet, wie schon ganz lange nicht mehr", kommentiert Felicitas die neuerliche Entwicklung. Ja, wie man in den Wald hinein ruft …

Psychotherapeuten interessiert aber auch, ob sich sogenannte „Muster" bei den Klienten ableiten lassen. Folglich frage ich Felicitas, ob ihr ein ähnlicher Beziehungsverlauf schon einmal begegnet sei. Dass zu Beginn alles rosarot erscheint und sich ein Paar nach ein paar Jahren nicht mehr viel zu sagen hat, ist in dem Sinne ja nichts Ungewöhnliches. Uns das bewusst zu machen, kann helfen, die Schuldvorwürfe zu minimieren. Gleichzeitig verstehen wir vielleicht auch, dass wir die Situation, in der wir uns befinden, ein Stück weit selbst zu verantworten haben. Das hieße aber auch, dass wir selbst aktiv darauf Einfluss nehmen können und nicht auf fremde Hilfe angewiesen sind, um Besserung herbeizuführen: Die Medaille hat bekanntlich zwei Seiten!

„Mir ist es nicht fremd, dass meine Gefühle nach und nach zurückgehen und ich in unerfüllten Erwartungen erstarre". Wenn sie zurückblicke, sehe sie, dass sie auch bei ihren Ex-Partnern ähnliche Verhaltensmuster annahm, wie sie das bei René mache. „Damals habe ich mich über das Verhalten meines Partners geärgert. Heute würde ich sagen, dass ich selbst ähnlich agierte. Wahrscheinlich trägt jeder zu dieser Abwärtsspirale bei." „Welche Möglichkeiten sehen Sie, diese alt bekannten Muster zu durchbrechen?" Sie überlegt. Das ist eine schwere Frage, darüber bin ich mir bewusst. Doch eine Lösung, die man selbst erarbeitet hat, ist wertvoller, als den Lösungsansatz eines anderen zu übernehmen.

Laut Felicitas sei in den ersten Wochen und Monaten einer Partnerschaft immer alles gut und über Fehler könne sie großzügig hinwegsehen. Sie ließe das Leben einfach spielen und würde zu dieser Musik tanzen. Einige missklingende Töne könnten sie nicht aus dem Rhythmus bringen oder vom Spaße abhalten. Dieser Spaß würde aber allmählich Ernst, die Musik als Lärm empfunden, das Tanzen als unangemessen und naiv abgetan. Die Freude über das Schöne würde weichen, der Ärger über das Unschöne sich hingegen anstauen. „Vielleicht ist es das", vertieft sie ihre Metapher, „das Schlechte häuft sich an und das Gute vergisst man".

8 Felicitas – Schlafproblem heißt, das Problem ...

Folgt hier der Übergang zur Philosophie? Gott bewahre, ich sehe schon meine Felle davonschwimmen ... Wie rettet man sich aus einer Lage, in die man sich selbst gebracht hat? Hatte Felicitas wirklich geglaubt, ich könne ihr sagen, warum nach drei Jahren Liebschaft nichts mehr gesprochen wird? Verflucht, dabei habe ich ganz bewusst *sie* nach Möglichkeiten für die Abwärtsspirale gefragt. Sich jetzt nur rauswinden können, aber wie? Etwas Altkluges vielleicht, etwas Mystisches, etwas ... Ein Zitat vielleicht? Ja, das ist es! Das könnte der Anker sein. Gut, versuchen wir's.

„Nach dem Motto: ‚Schönheit vergeht, Charme bleibt'? Das ist ein französisches Sprichwort", werfe ich erhaben ein. Gerade nochmal aus der Affäre gezogen, freue ich mich. Felicitas freut sich nicht. Sie denkt eisern nach. „Ehrlich gesagt, weiß ich nicht, was Sie mir damit sagen wollen", und schaut mich mit fragenden, großen Augen an. „Ich auch nicht", gebe ich lachend zu und erröte dabei. (Das ging mal wieder in die Hose).

„Leben Sie Ihre sogenannten positiven Gefühle in den ersten Monaten einer Beziehung aus?", kehre ich zu gewisser Ernsthaftigkeit zurück. „Ja, nicht nur in den ersten Monaten. Das mache ich immer", freut sie sich. „Wie ist es mit Ihren schmerzhaften Gefühlen?" „Die lebe ich zu Beginn nicht aus, gehen ja meist von alleine wieder weg." Damit sind wir – mal wieder – beim Gefühl angelangt. Leben wir unsere Empfindungen aus, verschwinden sie. Halten wir sie zurück, vermehren sie sich schneller als Fruchtfliegen. Vielleicht ist das ein Grund, weshalb die schönen Erlebnisse eher vergessen werden, wir uns aber an die schmerzhaften „auf ewig" erinnern. Für unsere Partnerschaften bedeutet das, dass wir uns nicht dem Glauben hingeben sollten, die Schmerzen gingen „von alleine" wieder weg. Wenngleich der Schmerz nach einigen Stunden oder Tagen nicht mehr präsent ist, so wurde er nicht verarbeitet und bleibt in uns. Ich rate Felicitas, Wege zu suchen, um auch ein Sentiment wie Angst, Schmerz oder Trauer verarbeiten zu können. Vielleicht in Form von Sport treiben oder schreien, um die Wut auszuleben. Traurige Filme schauen oder Musik hören, um die Trauer zu verarbeiten. Die Emotionen können aber auch übers Malen, Schreiben oder durch bloßes Reden Frieden finden.

> **Gedächtnis**
>
> Wobei noch erwähnt werden soll, dass stark emotionale Ereignisse, ob positiv oder negativ, besser im Gedächtnis abgespeichert werden als solche, die uns „völlig kalt" lassen.
> Die Gedächtnisleistung in Bezug auf die Emotionen wurde wissenschaftlich untersucht (z. B. Christianson und Loftus 1991). Man zeigte beispielsweise Probanden emotional erregende Filme oder Bilder (z. B. von Verkehrsunfällen). Dadurch stellten die Forscher fest, dass sich Probanden bei emotional erregenden Reizvorlagen später signifikant besser an wesentliche Details (z. B. die Kleidung eines Unfallopfers; verwendete Waffe bei einem Überfall) erinnern konnten, dafür aber deutlich schlechter an unwesentliche Details (z. B. parkendes Auto im Hintergrund).

Weshalb sich Felicitas' Beziehung abgekühlt hat, ist unklar. Ob es daran liegt, dass Schlechtes nicht ausgelebt wird, Gutes aber schon, kann nicht mit Sicherheit gesagt werden. Vielleicht stellt der schlechte Schlaf einen weiteren Faktor dar, vielleicht auch die mangelnde Kommunikation mit René. Ich selbst kenne die Lösung nicht. Als Felicitas das hört, ist sie etwas enttäuscht. Sie hatte sich erhofft, klare Anweisungen zu erhalten, wie sie die Schwierigkeiten des Lebens meistern kann. Ich versuche sie zu ermutigen: „Lösungen zu finden ist schwer und gelingt nur in seltenen Fällen. Sie sind ein Individuum, deshalb ist abzuklären, ob spezifische wissenschaftliche Erkenntnisse in der Psychologie *auch für Sie* gelten. Das kann sein, muss aber nicht." „Und was soll ich dann jetzt tun?", fragt sie mich ratlos. „Probieren Sie es aus! Aus meiner Sicht ist es nicht wichtig, dass Sie auf die Lösung kommen. In erster Linie sollten Sie eine Überzeugung gewinnen! Nach dieser können Sie handeln, Sie können nach ihr Ihr Leben richten. Irgendwann prüfen Sie, ob Sie diese Überzeugung zur Lösung geführt hat. Wenn nicht, nehmen Sie eine neue Überzeugung an ..."

> **Trial and Error**
>
> Sollen wir uns dafür oder dagegen entscheiden? Wie können wir uns entscheiden, da wir die Lösung nicht kennen?
> Ich sage, wir müssen uns entscheiden, *weil* wir die Lösung nicht kennen. Ob wir mit unserer Entscheidung richtig lagen, können wir erst im Nachhinein feststellen. Darum ist es erforderlich, zu diesem „Nachhinein" zu gelangen.
> Was müssen wir dafür tun? Eine Entscheidung treffen und nach dieser handeln. Anschließend können wir sagen, ob uns das geholfen oder eher geschadet hat. Das, was uns hilft, sollten wir beibehalten und uns von dem, was uns schadet, lösen.

Ist Felicitas imstande, anders in den (Beziehungs-)Wald hineinzurufen? Welches Echo wird ertönen? Wird die Ehe zustande kommen, werden Felicitas und René zusammen alt und glücklich werden?

Das werden wir nicht sagen können. Doch wenn Felicitas viele Entscheidungen trifft und sie in ihre Handlungen einbindet, wird sie viele kostbare, schöne wie schmerzhafte, Erfahrungen sammeln.

Analyse zu Fall „Felicitas"

Das Ich kann!-Prinzip hilft uns auch in Felicitas' Fall weiter:

1. Opferrolle
Felicitas kann sich stundenlang über ihren Partner René beschweren, doch damit ist ihr auch nicht geholfen. Ich kann das Verhalten von René nicht ändern, denn René ist nicht hier. Wenn Felicitas die Probleme in ihrem Liebesverhältnis auf René schiebt, werden wir die Probleme nicht lösen können. Das heißt, alles wird beim Alten bleiben. Aber deshalb ist Felicitas ja nicht zu mir gekommen.

Wenn wir unter dem Verhalten eines Menschen oder unter gewissen Umständen leiden, sollten wir unser Leiden betrachten. Es geht nicht um die Mitmenschen, nicht um Umstände – es geht ausschließlich um uns. Indem wir die Schuld auf andere schieben und sie für unser Leiden verantwortlich machen, begeben wir uns in eine Opferrolle. Bei Felicitas sieht das folgendermaßen aus: „Ich kann nicht glücklich sein, weil René zu viel vor dem Rechner sitzt." „Mir geht es schlecht, weil René sich nicht für mich interessiert." Was muss besser werden, damit Felicitas glücklich werden kann? René müsste sich seltener an seinen Laptop setzen und sich mehr für Felicitas interessieren. Ob das jemals geschieht?

Der erste Schritt ist also, sich aus der Opferrolle zu befreien. Anstatt „Mir wird angetan" oder „Andere sind Schuld, dass es mir schlecht geht", könnte sie sagen „Ich lasse das zu" oder „Ich bin verantwortlich, dass es mir so schlecht geht". Sie schlüpft dann aus der passiven in eine aktive Rolle. Nun erst kann ich ihr weiterhelfen, ab diesem Moment kann ich sie begleiten.

Auf den ersten Blick scheint es schlau, die Verantwortung für das eigene Leiden abzugeben und andere schuldig zu sprechen. Doch hüten Sie sich davor! Damit machen Sie den Nicht-Bereich viel größer, als er tatsächlich ist. Ob Sie dann glücklich oder unglücklich sind, hängt dann vom Nicht-Bereich ab. Sie geben Ihr Glück in fremde Hände. Wollen Sie das wirklich?

Wagen Sie deshalb einen zweiten Blick! Treten Sie selbst in den Mittelpunkt und tragen Sie die Verantwortung für all das, was Sie empfinden. Arbeiten Sie langfristig daran, diese Empfindungen zu verändern. Sie müssen nicht dauerhaft traurig oder enttäuscht sein, Schmerzen aushalten oder Kummer haben. Bewirken Sie selbst Änderungen, anstatt auf die Änderungen eines anderen zu warten. Felicitas hat ihr eigenes Verhalten korrigiert, sich für ihren Partner mehr interessiert, ihm Fragen gestellt und dadurch auch mehr Interesse erfahren. Das Verhältnis zu René wurde besser, weil Felicitas ihr eigenes Verhalten verändert hat.

Wenn Sie für alles Verantwortung tragen, eliminieren Sie damit den Nicht-Bereich. Wenn Sie in Ihren Augen für nichts verantwortlich sind, existiert auch kein Ich-Bereich.

Achten Sie auf Ihre Worte, nicht auf die der anderen. Achten Sie auf Ihre Handlungen, nicht auf die der anderen. Achten Sie auf Ihre Gefühle, nicht auf die der anderen.

2. Schlaf

Warum zählt der Schlaf zum Nicht-Bereich? Ganz einfach, weil wir ihn nicht kontrollieren können. Meinen Sie, dass Menschen Schlafprobleme hätten, wenn wir selbst bestimmen könnten, wann, wie und wie lange wir schlafen?

Im Schlaf findet der Körper Erholung. Darum sollten wir darauf achten, dass wir abends zur Ruhe kommen, ehe wir versuchen einzuschlafen. Hatten Sie eben Ruhe gelesen? Ja, tatsächlich, die gibt es noch, selbst in unserer schnelllebigen Welt. Für Ihre Ruhe sind Sie verantwortlich, sie fällt in den Ich-Bereich.

Was können Sie tun, um abends ausgeglichen und entspannt zu sein? Setzen wir verschiedene Hebel in Bewegung: Verzichten Sie (ab mittags) auf Kaffee, schwarzen Tee, sonstige stimulierende Getränke, essen Sie abends möglichst keinen Zucker oder Obst (enthält Fruchtzucker) mehr. Jede Form von Zucker liefert Energie. Doch Sie brauchen keine Energie, Sie brauchen Schlaf. Wenn Sie Sport treiben, sollten Sie diesen bis 19 oder 20 Uhr beendet haben. Ihr Körper wird etwa drei Stunden brauchen, um wieder herunterzufahren. Gehen Sie nicht mit wirren Gedanken ins Bett, schreiben Sie diese auf, lassen Sie sie auf dem Blatt zurück. All das, was Sie noch erledigen müssen, notieren Sie sich ebenfalls – der Kopf sollte frei sein, wenn Sie angenehm schlafen wollen. Erinnern Sie sich an die drei schönsten Begebenheiten des zurückliegenden Tages und wie Sie sich gefühlt haben? Ehe Sie die Augen schließen, schauen Sie sich in Ihrem Raum um. Fühlen Sie sich wohl? Fühlen Sie sich sicher? Ist die Temperatur und der Duft Ihnen angenehm? Auch das Auge soll entspannen können, meiden Sie starke Kontraste und grelle Farben. Ruhe, es geht um Ruhe.

Schlafstörungen

Wenden wir uns den verschiedenen Schlafstörungen zu. Zimbardo und Gerrig (2008) zählen darunter nicht nur die Schlaflosigkeit, welche sich dadurch äußert, dass Menschen nicht lange oder gut genug schlafen. Sondern u. a. auch die Narkolepsie, darunter leiden Menschen, die während des Tages immer wieder ungewollt schlafen. Somnambulis-

> mus, auch als Schlafwandel bekannt, beschreibt die Symptomatik, das Bett zu verlassen und umherzuwandern, ohne dabei zu Bewusstsein zu kommen. Wer im Schlaf häufig aufhört zu atmen, leidet unter Schlafapnoe.
> Viele Menschen leiden an Schlafstörungen, wodurch das private und berufliche Leben schwer belastet wird. Als Auslöser dieser Störungen werden psychologische, biologische und umweltbedingte Faktoren herangezogen.

Aber hatte ich nicht gesagt, der Schlaf zählt zum Nicht-Bereich? Genau! Doch was Sie tun oder auch nicht tun, um möglichst gut zu schlafen, fällt in Ihren Ich-Bereich. Beschweren Sie sich nicht darüber, dass Sie schlecht schlafen. Betreiben Sie besser Ursachenforschung und überlegen Sie, weshalb der Schlaf Sie nicht besuchen kommt. Laden Sie ihn anschließend unbekümmert zu sich ein. Einen kleinen Tipp habe ich noch für Sie: Große Ruhe bringt das Ausleben von Gefühlen. Vor dem Ins-Bett-Gehen zu treten und zu schlagen, zu weinen und zu schreien, kann ich Ihnen nur wärmstens ans Herz legen. Haben Sie auch das Bild eines Kleinkindes im Kopf, das seelenruhig schläft? Würden wir Erwachsenen unsere Empfindungen ebenso ausleben wie diese kleinen Weisen, würden wir wohl ebenso tiefenentspannt in unser Nachthemd steigen.

Einen gesunden, erholsamen Schlaf zu haben, ist meines Erachtens nach kein Zufall. Es ist die Belohnung dafür, dass Sie abends ausgeglichen und müde sind. Nicht schlafen zu können, muss aber keine Bestrafung sein. Sehen Sie die Insomnia eher als Symptom, das Sie darauf aufmerksam machen möchte, dass aktuell nicht alles in den richtigen Bahnen verläuft. So ist es auch bei Felicitas: Die Beziehung stellt sie nicht zufrieden, die Arbeit empfindet sie teils als großen Stress und in ihrer Freizeit kann sie auch kaum das erleben, was sie gerne sehen und erfahren würde. Nicht der Schlaf ist Felicitas' Problem, sondern die Zeit zwischen dem Schlafen.

3. Liebe

Endlich ist es an der Zeit, über das wohl einflussreichste Gefühl zu sprechen: die Liebe.

Ich habe den Eindruck, dass wir die Liebe häufig in den Nicht-Bereich verlagern: „Er liebt mich kein bisschen; sie liebt mich nicht so, wie ich das möchte; wenn er mich lieben würde, würde er sich anders verhalten; sie zu lieben, bringt überhaupt nichts."

Doch Liebe ist ein Gefühl und alle Emotionen gehören zum Ich-Bereich. Was passiert, wenn Sie einen Menschen lieben? Die Liebe bereichert Ihre Welt! Sie freuen sich auf den morgigen Tag, Sie erhoffen ein Wiedersehen, Sie träumen vielleicht vom ersten Kuss oder schwärmen noch von den gemeinsamen Augenblicken. Wenn Sie wirklich lieben, beflügelt Sie das. Sie machen sich damit selbst ein Geschenk.

Felicitas würde auch sagen, dass sie ihren Partner liebt, dennoch ist sie unglücklich. Kann Liebe also unglücklich machen? Nein, wir müssen lediglich aufpassen, was wir unter Liebe verstehen. Wenn Felicitas erwartet, dass René sich stärker für sie interessiert, ist das keine Liebe, sondern eine Erwartung. Erwartungen führen häufig zu Enttäuschungen. Wenn Felicitas nicht weiß, ob René der richtige Partner ist, ist das keine Liebe, sondern Zweifel. Zweifel führt häufig zu Unzufriedenheit. Wenn sich Felicitas über René beschwert, erinnert das weniger an Liebe, sondern vielmehr an ein Klagelied. Kein Wunder also, dass Felicitas unglücklich ist.

Uns geht oft leicht über die Lippen, dass wir einen Menschen lieben. Doch wie viel Liebe steckt wirklich darin? Freuen wir uns, wenn wir diesen Menschen sehen oder sind wir verärgert, weil er sich verspätet hat? Wünschen wir ihm viel Spaß, wenn er abends unterwegs ist oder zerfrisst uns die Eifersucht? Akzeptieren wir die geliebte Person so, wie sie ist, oder stellen wir Bedingungen und Forderungen?

> **Damit die Liebe lange währt**
>
> Sie glauben, Schmerzen und Leiden, Eifersucht und Misstrauen, Groll und Wut lassen von alleine nach? Ignorieren, runterschlucken und ab unter den Teppich?
>
> Wenn wir in Paarbeziehungen nur einen Teil der Gefühle zulassen, werden wir damit rechnen müssen, dass sämtliche Empfindungen schwächer werden. Die Distanz zum Partner wird folglich größer. Verabschieden Sie sich von dem Ideal, dass es in einer guten Beziehung keinen Streit geben dürfte. Spüren Sie Schmerzen, spüren Sie Trauer, spüren Sie Wut – denn sie führen Sie zur Liebe, zur Leidenschaft, zum Leben. Wenn Sie allen Empfindungen einen Platz in Ihrem Herzen einräumen, wird auch das Gefühl von Liebe ein Stammgast sein.

Schauen wir auf den Ich-Bereich, schauen wir auf uns: Wenn wir Liebe geben, fühlt sich das gut an. Jemanden zu lieben ist eine Bereicherung – ganz gleich, ob die Liebe erwidert wird. Sobald man auf Erwiderung hofft, sie gar erwartet, landet man schnell im Nicht-Bereich. Dann komme, was wolle! Selten Glück. Oder seltenes Glück? Ich wünsche Ihnen Letzteres. Wirkliche, bedingungsarme Liebe ist schwer. Doch wenn uns das gelingt, werden wir selbst direkt dafür belohnt. Denn in den Augenblicken der reinen Liebe sind Sie über alle Lebensstürme erhaben. Nie war die Welt so schön wie heute!

Wo Liebe gesät wird, wollen wir wachsen. Doch Liebe ist immer ein Geben und ein Nehmen. Je mehr Liebe wir säen, desto mehr dürfen wir wachsen. Können wir immer wieder „bedingungslose" Liebe geben? Trotz

Zurückweisungen, Lügen, Verletzungen? Manchmal scheint Liebe irrsinnig zu sein. Würden Sie heute Bäume pflanzen, obwohl Sie wüssten, dass die Erde morgen untergeht? Ich wünsche es Ihnen, denn Freude bereitet es heute ja trotzdem! Manchmal ist die Freude an der Sache selbst der größte Sinn.

Ob der Partner einen ebenfalls liebt oder aber sich zurückzieht und vor dem Computer sitzt, abends unterwegs ist, fremdgeht und man betrogen wird … streng genommen ist das für den Ich-Bereich irrelevant. Die eigene Liebe, die man für ihn empfindet, muss dadurch nicht beeinflusst werden. Trägt sein Verhalten jedoch dazu bei, dass die Liebe nach und nach abnimmt, dann ist das auch in Ordnung. Dann enden die rosigen Zeiten – doch war das nicht schon vorher anzunehmen? „Das Gute geht vorbei und das Schlechte geht vorbei", um es mit den Worten meiner Schwester auszudrücken.

Was wir aus Felicitas' Fall lernen können

Felicitas kommt zu mir, weil sie sich unsicher ist, ob sie René heiraten möchte. Sie beschreibt, dass die beiden sehr unterschiedliche Interessen habe. Dabei fällt auf, dass die 36-Jährige immer wieder das Verhalten ihres Partners beschreibt und kaum auf ihre eigenen Gefühle und Gedanken eingeht. In einer Psychotherapie gilt, dass man nur mit der Person zusammenarbeiten und Veränderungen bewirken kann, die anwesend ist. Sobald meine Klientin das verinnerlicht und die Opferrolle abgelegt hat, kann die Therapie beginnen.

Nicht die zwei Wochen Urlaub im Jahr sollen für unser Glück sorgen, nicht der Hochzeitstag oder die drei Stunden im Monat mit unserem Enkel. Das Glück sollte dem Alltag innewohnen, denn dieser begleitet uns Tag ein, Tag aus. Wenn wir nur darauf warten, bis der Urlaubsflieger abhebt oder das Wochenende beginnt, dann vergeuden wir den Großteil unserer Zeit. Indem meine Klientin die täglichen Gewohnheiten und Abläufe korrigiert, erhöht sie ihre Lebensqualität.

Eine gesunde Partnerschaft besteht aus einem regen Geben und Nehmen. In puncto Kommunikation ist dieses Gleichgewicht nicht vorhanden: Felicitas möchte gefragt werden, wie ihr Tag war, stellt aber selbst keine Fragen an René. Generell halte ich viel davon, so zu handeln, wie wir es von unseren lieben Mitmenschen erhoffen. Felicitas kann das prompt umsetzen, und nachdem sie selbst mehr Interesse an ihrem Partner zeigt, kommt auch mehr Interesse zurück.

Weshalb schläft Felicitas so schlecht? Offensichtlich, weil sie tagsüber nicht zur Ruhe kommt. Die Auslöser wurden bislang aber nicht ermittelt. Sind es Konflikte aus der Kindheit? Ist es der momentane Stress? Oder sind es die schwierigen Verhältnisse in ihrer Beziehung zu René? Schlafprobleme sind eine ernste Angelegenheit, denn sie beeinträchtigen neben unserer Gesundheit auch unser Wohlbefinden. Wir sollten etwas in der Zeit zwischen dem Schlafen verändern, um abends gut zu schlafen.

Die zentrale Erkenntnis ist aber, dass die Liebe in den Ich-Bereich gehört. Wenn wir lieben, bereichert das unseren Alltag. Hingegen zählen Erwartungen, Bedingungen, oder Eifersucht nicht zur Liebe. Diese lösen unangenehme Empfindungen in uns aus, wir leiden dabei oder fühlen uns schlechter. Die reine Liebe aber versetzt uns unmittelbar in einen sehr angenehmen Zustand. Sie macht das Leben schöner, sie setzt uns Schmetterlinge in den Bauch und Blumen ins Herz.

Literatur

Christianson, S. A., & Loftus, E. F. (1991). Remembering emotional events: The fate of detailed information. *Cognition and Emotion, 5,* 81–108.

Hüttner, A. (2017). *Das Ich kann!-Prinzip. Wie die Balance zwischen Tun und Lassen gelingt.* Wiesbaden: Springer.

Kowalski, R. M. (1999). Speaking the unspeakable: Self-disclosure and mental health. In R. M. Kowalski & M. R. Leary (Hrsg.), *The social psychology of emotional and behavioural problems* (S. 225–247). Washington: APA.

Zimbardo, P. G., & Gerrig, R. J. (2008). *Psychologie.* München: Pearson.

9

Paul und Samira – Raus aus den Kinderschuhen

Wenn jeder alles von dem anderen wüsste, es würde jeder gerne und leicht verzeihen. Es gäbe keinen Stolz mehr, keinen Hochmut.
Hafis

Paul, 23 Jahre, und Samira, 25 Jahre, suchen dringend nach einem Paartherapeuten. Doch zum Erstgespräch begrüße ich die beiden nicht zu zweit, sondern zu dritt: Zusammen mit ihrem elf Monate jungen Sohn Noah treten sie in meinen Raum.

Sollte ich diese Art von Liaison als „zeitgemäß" beschreiben? Paul erklärt mir, dass er Samira vor etwa zwei Jahren kennenlernte. Alles begann sehr harmlos, unverfänglich, man verbrachte Zeit miteinander – ganz unkompliziert, Sie wissen schon. Vielleicht für ein paar Wochen, vielleicht für Monate, doch nie in der Absicht, dass daraus eine feste, ernste Beziehung entsteht. Solche Beziehungsformen sind heutzutage eher die Regel denn die Ausnahme. (Im Wortschatz wird das durch FreundschaftPlus, Netflix & Chill, ONS und dem Slogan „Tinder statt Kinder" repräsentiert).

Und dann? Dann war Noah da. Ungewollt, aber durchaus sehr geliebt. Doch die Belastungen sind durch das Kind natürlich gestiegen. Zusätzlich haben die beiden verschiedene Ansichten, wie das Kind zu erziehen ist. Was darf es, was darf es nicht? Die Streitigkeiten in der Beziehung nahmen zu, das Unverständnis auch. Letzter Ausweg: ein Paartherapeut – der Retter in der Not?

Die Eltern scheinen sehr motiviert, an ihrer Beziehung zu arbeiten. Das ist für einen Therapeuten äußerst angenehm. Die Energie ist bereits vorhanden, sie muss nicht mehr erzeugt, sondern lediglich in die richtigen Bahnen gelenkt werden. Es wird aber auch schnell klar, warum sie die Konflikte nicht alleine klären können, sondern auf fremde Hilfe angewiesen sind: Viele gegenseitige Vorwürfe, ständiges Dem-anderen-ins – Wort-fallen, wenig Bereitschaft, auf den anderen einzugehen. Was hier fehlt, ist Verständnis.

Verständnis ist nicht nur eines der wichtigsten Werkzeuge eines Therapeuten, sondern auch ein altbewährtes Hilfsmittel in jedem zwischenmenschlichen Kontakt. Wenn wir unser Gegenüber verstehen wollen, ist zuallererst die Bereitschaft nötig, die Welt aus dessen Augen zu betrachten. Nachfragen, zuhören, für die Antworten offen sein, nochmals nachfragen. Für die Handlungen unserer Mitmenschen gibt es Gründe. Wenn wir diese nicht verstehen, sind wir noch nicht ausreichend in deren Welt eingetaucht.

Paul ist bislang nicht in Samiras Welt eingetaucht und Samira nicht in Pauls Welt. Statt in Verständnis münden die Gespräche deshalb oft in Streit. Das stellt eine weitere Belastung dar. Samira erzählt, dass sie abends nicht selten völlig erschöpft ins Bett fällt: müde vom Tag, genervt vom Partner.

9 Paul und Samira – Raus aus den Kinderschuhen

> **Ihr Partner nervt?**
>
> Viele Dinge stören Sie an Ihrem Partner? Sie ärgern sich über sein Verhalten, sein Denken und seine Einstellungen? Und dann fragen Sie sich: „Warum bin ich ausgerechnet an ihn geraten?"
>
> Dann frage ich Sie: Warum tun Sie sich das an? Warum halten Sie – trotz dessen Handlungen, Aussagen, Einstellungen – an Ihrem Partner fest? Setzen Sie bei sich selbst an, um Verständnis für die Partnerschaft zu entwickeln. Vielleicht erkennen Sie dann, warum Sie sich ihn ausgesucht haben.
>
> Randnotiz: Ihr Partner nervt nicht Sie, sondern Sie sind von ihm genervt.

Ich spreche über Rücksicht, über Nachsicht, über Einsicht. Doch was davon kommt an? Die ersten zwei Sitzungen laufen sehr ähnlich ab: Beide sind bemüht, beide sind motiviert, doch die Gespräche sind geprägt von Vorwürfen, Nicht-ausreden-lassen und viel Geschrei. Wo das herrührt? Noah, er hat Hunger. Ach so! Sie meinten die vielen Konflikte …? Die Voraussetzungen für ein Liebesverhältnis waren denkbar schlecht, Samira und Paul sind in diese Beziehung gewissermaßen hinein geschlittert, barfuß und ohne Airbag. Was hält die Partnerschaft am Leben? Existiert sie aufgrund von Liebe und Verbundenheit, oder als Folge der plötzlichen Schwangerschaft?

So schwierig die Umstände auch sind: Es ist für alle Beteiligten unbefriedigend, wenn die Therapiestunden dermaßen kräftezehrend verlaufen. Deshalb bitte ich die beiden, getrennt zu erscheinen: Eine Sitzung mit Samira und eine Sitzung mit Paul – eine Trennung, die der Partnerschaft dienen soll.

Samira berichtet mir, was Paul zu ihr gesagt hat, was er ihr antut, wie sein Verhalten dem Kinde schade. Ich höre Enttäuschungen, Verletzungen, Ratlosigkeit heraus. Aber

Samira spricht nicht über sich, sondern über Paul. Das ist streng untersagt! Darum frage ich sie: „Warum lassen Sie all das zu? Warum nehmen Sie die Enttäuschungen hin, die immer wiederkehrenden Verletzungen, die vielen Streitigkeiten?"

Stille. Ich habe Samira die Aufgabe gegeben, sich mit sich selbst zu beschäftigen. Nicht mit Paul, nicht mit Noah, nur mit sich selbst. Nachdem sie sich einige Zeit genommen hat, findet sie eine Antwort auf meine Frage: „Naja, die Wahrheit ist, dass ich Paul liebe. Das spüre ich jeden Tag, selbst nach schlimmen Streitigkeiten. Ich möchte seine Nähe nicht missen. Vielleicht fragen Sie sich, wie das Liebe sein kann, wenn man so viele Auseinandersetzungen hat, aber es fühlt sich trotzdem wie Liebe an."

In den Paarberatungen gilt es herauszufinden, inwieweit die bestehenden Konflikte aus der Partnerschaft resultieren. Viele Konflikte tragen wir in uns selbst und „suchen" gewissermaßen nach Möglichkeiten, sie mit anderen auszutragen. Wir machen unsere eigenen Baustellen zu einem gemeinsamen Bauprojekt – oftmals ohne Aussicht, dass der Bau erfolgreich abgeschlossen werden kann. Um diesem Strudel zu entkommen, ist es nötig, sich mit den Erfahrungen auseinanderzusetzen und entsprechende Gefühle aufkommen zu lassen. Mit Samira wollte ich die Konflikte aus ihrer Kindheit deshalb erneut aufgreifen und zusammen angehen:

Sie erzählte mir, dass sie keine schöne Kindheit erlebte. Von Geburt an lebte sie nur mit ihrer jungen Mutter zusammen, in späterer Kindheit hatte sie auch mehrere Stiefväter, zu denen sie aber kein gutes Verhältnis pflegte. Ihre Mutter musste viel arbeiten, ließ sie nachts meist alleine. Sie erinnerte sich, dass sie etwa fünf oder sechs Jahre alt gewesen sein musste, als sie nachts einmal aufwachte, Durst hatte und vergebens versuchte, die Flasche Limonade zu öffnen, die fest zugeschraubt war. Ratlos rief sie ihre Mutter auf der Arbeit an und erklärte ihr unter Tränen, dass sie den Deckel nicht öffnen könne. Ihre Mutter reagierte sehr grob und blaffte sie an: „Dann trink halt Leitungswasser!" Ob Nacht oder Tag, meist war es nicht viel besser: Von ihren Stiefvätern wurde sie geschlagen, von ihrer Mutter stark vernachlässigt. In der Jugend sei es ihr ähnlich ergangen. „Es ist sehr viel Schlimmes passiert, aber für mich war es normal. Ich kannte es ja gar nicht anders."

Das meinte ich mit Verständnis gewinnen, das meinte ich damit, wenn ich schreibe, dass wir in die Welt unseres Gegenübers eintauchen sollten: Für Samira war es *normal*, geschlagen zu werden. Für sie war es *normal*, wenn sie nachts alleine schlief, Ängste ausstehen musste, Albträume hatte. Wenn wir begreifen wollen, warum viele Konflikte in Samiras und Pauls Beziehung auftreten, sollten wir deren Sicht einnehmen können. Alles, was Samira nur annähernd an die damalige Zeit erinnert, lässt auch die Gefühlsregungen von damals aufkommen: Wenn Paul lauter wird, erinnert er sie an ihre schreiende Mutter. Wenn er einen schlechten Tag erlebte und frustriert nach Hause kommt, hat Samira Angst, er könnte gewalttätig werden. Sobald Auseinandersetzungen auftreten, fühlt sie sich nicht wie eine gestandene Frau, wie die Mutter eines Kindes, sondern selbst wie ein fünf- oder sechsjähriges Kind.

3 Minuten zur Entspannung

Sie wollen einfach mal zur Ruhe kommen, den Alltagsstress vergessen und in eine andere Welt tauchen?

Nehmen Sie ein kleines Handtuch und tränken Sie es in heißem Wasser. Wringen Sie es leicht aus, um Pfützen in der Wohnung zu vermeiden. Gehen Sie zu Ihrem Lieblingsplatz, legen oder setzen Sie sich und machen Sie es sich gemütlich. Jetzt legen Sie das heiße Handtuch für drei Minuten auf Ihre geschlossenen Augen. (Sie können ein weiteres, trockenes Handtuch über Ihren Kopf legen und genießen, dass Sie dadurch noch tiefer entspannen).

In der darauffolgenden Woche schildert mir Samira, dass es ihr nach unserem letzten Gespräch deutlich schlechter ging. Das zog sich die Woche so durch: Die Themen, die sie angesprochen hatte, kämen immer wieder auf. Die längst vergessenen Eindrücke aus der Kindheit hätten sie sehr beschäftigt. „So blöd es klingt: Aber die Tage kam es mir so vor, als hätten wir schlafende Hunde geweckt. Es wurde nicht besser, sondern alles viel schlimmer."

Natürlich ist man beunruhigt, wenn die Therapie das eigene Befinden verschlechtert statt verbessert. „Es stimmt", erwidere ich, „wenn wir über die tragischen Ereignisse aus unserer Vergangenheit sprechen, geht es uns schlechter. Wir haben in der vergangenen Therapiestunde schreckliche Erlebnisse belichtet und diese Bilder nun vor dem bloßen Auge. Das schmerzt, es kann hilflos, traurig oder wütend machen. Doch dadurch, dass die Geschehnisse präsent sind, haben wir die Möglichkeit, sie zu verarbeiten. Können Sie nachvollziehen, dass manchmal eine Erstverschlimmerung nötig ist, um Besserung zu erzielen?"

Sie nickt und schaut mich mit großen, ratlosen Augen an. „Aber was kann man da jetzt noch weiter tun?" Ich erkläre ihr, dass wiederkehrende Gespräche dieser Art bereits einen Schritt auf dem Weg der Besserung darstellen. Sie könne das Ganze noch unterstützen, indem sie auch zu Hause diese Gefühlseindrücke weiter aufkommen ließe und verarbeite. Beispielsweise in Form von imaginären Dialogen, die sie aus Sicht der Fünfjährigen mit ihrer Mutter führen könnte. Darin sollten ihre Hilflosigkeit, ihre Traurigkeit, ihre Wut und ihre Einsamkeit zum Ausdruck kommen. Weitere imaginäre Gespräche mit ihren Stiefvätern, die ihr Schmerzen und Narben hinterließen, seien ebenfalls sinnvoll. Sie könnte in diesen Auseinandersetzungen all das formulieren, was sie nie laut aussprechen durfte. Verstand aus, Gefühl an: Beschimpfungen, Vorwürfe, Rachegelüste,

9 Paul und Samira – Raus aus den Kinderschuhen

Beleidigungen ... alles ist erlaubt, das Kind soll seine Emotionen nicht zurückhalten: keine Schranken, keine Zeigefinger, keine Anstandsfilter, keine Verstandesfallen. „Darf ich wirklich alles äußern?", fragt mich Samira ungläubig. „Alles, wirklich alles", bestätige ich nüchtern. „Ihre Wände können das ab." Indem sie die angestauten Gefühle ausspricht, findet die eigentliche Verarbeitung statt: Sie solle ihren Zorn hinauslassen und ihrer Hilflosigkeit ein Sprachrohr verleihen.

Wie Sie selbst ersehen können, hat sich innerhalb weniger Sitzungen das Hauptaugenmerk gänzlich verschoben: Wir sprechen nicht mehr über Paul, sondern über Samira selbst. Wir sind ihren tieferen Verletzungen auf die Spur gekommen, haben wiederkehrende Muster aufgedeckt und mögliche Beweggründe eruiert. Wir können Änderungen nur in uns selbst bewirken. Da ist es ratsam, auch über sich selbst zu sprechen und herauszufinden, wie man sich verhält, wie man empfindet, wie man denkt.

Und Paul? Der spielt zwar in Samiras Therapie nur eine untergeordnete Rolle, in den gemeinsamen Stunden mit ihm ist er aber zweifellos Hauptdarsteller. Schauen wir uns an, was ich mit ihm, parallel zu Samira, erarbeiten konnte:

Paul und ich führten einige intensive Therapiegespräche. Schnell verstand ich, dass er in einer schwierigen Lage war: Das Verhältnis mit Samira lief nicht gut, seit einigen Monaten war er arbeitssuchend und über einen festen Freundeskreis verfügte er auch nicht.

Einmal erwähnte er beiläufig, dass er „am liebsten noch Kind wäre". Damals sei die Welt noch in Ordnung gewesen, er war ein fröhliches, ein lebhaftes Kind. Er hatte eine gute Beziehung zu seinen beiden Eltern gehabt, viele Freunde, viel Freizeit. Er war stark, er war schnell, er war beliebt. Doch was ist dann passiert? Wo ist die Freude des lebhaften Jungen hin?

Paul war 8 Jahre alt, er durfte früher als üblich von der Schule heim, weil zwei Stunden Unterricht ausgefallen waren. Da kam aus dem Schlafzimmer ein fremder Mann. Paul spürte den Riss, der in diesem Augenblick durch die Liebe seiner Familie ging. Doch er wusste nicht, wie er damit umgehen sollte. Seine Mutter verbot ihm, mit anderen über den Vorfall zu sprechen. Er behielt das Geheimnis für sich, und dort behielt er es lange. Vier Jahre dauerte es, ehe er seinem Vater davon berichten konnte. Dann folgte die Trennung und die Scheidung. Aus einer Familie wurde ein betrogener Vater, eine besitzlose Mutter und ein verwirrtes Kind, das nicht wusste, wohin.

Er sei von seiner Mutter bis heute schwer enttäuscht. Sie sei schuld an der Trennung. Sie habe seinen Vater betrogen, das könne er ihr bis heute nicht verzeihen. Seit diesem Vorfall tue er sich generell schwer, Menschen Vertrauen zu schenken. Es bleibe immer ein gewisses Misstrauen zurück. Der Betrug und die Trennung hätten bei ihm tiefe Narben hinterlassen. Seitdem gewöhne er sich lieber an die zerrissene Welt, als eine neue, heile Welt ausfindig zu machen. Denn diese könnte ja wieder reißen. Nochmals Schmerzen, nochmals nicht wissen, wie es weiter geht – das erspare er sich lieber.

Paul äußerte einmal, ihm komme es so vor, als steckte er noch immer in der Trotzphase. Er wisse nicht, ob das etwas mit der Scheidung zu tun habe, doch er könne sich Neuem kaum öffnen: Vorschläge wehre er ab, vor Veränderung scheue er zurück. Insbesondere in den ersten Sitzungen unter vier Augen legte er ein ähnliches Verhalten zutage. Die Therapiebereitschaft war gering, von mir auferlegte „Hausaufgaben" hatte er vergessen – die Atemübung nicht zu Hause geübt, klärende Gespräche mit Samira nicht geführt, seine Emotionen nicht ausgelebt.

9 Paul und Samira – Raus aus den Kinderschuhen

Dafür hatte ich ihn aber nicht kritisiert, weil ich weiß, wie viel Kraft es kostet, Veränderungen zu bewirken. Ich hatte gehofft, dass er nach und nach bereit sein wird, diesen Weg einzuschlagen – dann würde auch die Therapiebereitschaft steigen. Sobald er einen Schritt auf diesem Weg gemacht hatte, lobte ich ihn dafür und bestärkte ihn darin. Mein Verhalten ihm gegenüber erinnert an die Empfehlungen für die Erziehung von verhaltensauffälligen Kindern (daran halte ich mich gerne, denn uns allen tut das gut): Man soll erwünschtes Verhalten loben, unerwünschtes ignorieren. Vielleicht war das der Grund, warum sich Paul immer wohler und sicherer fühlte und sich dadurch auch mehr und mehr auf die Therapie einließ.

> **Veränderungen verlangen zwei Schritte**
>
> Vielleicht ist Ihnen schon aufgefallen, dass Sie etwas verändern möchten, doch es will Ihnen nicht gelingen. Merken Sie sich: Damit Sie Veränderungen bewirken können, sind zwei Schritte notwendig. Häufig wird Schritt 1 vergessen, weswegen sämtliche Bemühungen im Sande verlaufen.
>
> - Schritt 1: Sie müssen etwas Altes gehen lassen.
> - Schritt 2: Sie nehmen etwas Neues auf.
>
> Nehmen wir als Beispiel die Bemühung, sich gesünder zu ernähren. Sie müssen sich u. a. von einer gewissen Bequemlichkeit verabschieden. Gesunde Ernährung ist aufwendiger als Fast Food. Sind Sie bereit, diesen Aufwand zu betreiben? Anschließend sollten Sie sich bemühen, die neue Ernährungsweise in Ihren Alltag zu integrieren.

Wie soll ein Mensch erwachsen werden, wenn er sich nach den Kindheitstagen zurücksehnt? Kinder nehmen keinen Beruf an, sie müssen nicht arbeiten. Kinder gehen keine

Liebschaften ein, sie lieben nur die Eltern. Doch die Kindheit ist längst vorbei. Nun gilt es für Paul, sich den Aufgaben und Pflichten zu widmen. Erwachsen werden, weil er schon erwachsen ist.

Eines Morgens kam Paul in die Praxis, wirkte ungewöhnlich entspannt, als hätte er besonders gut geschlafen. Auf meine Nachfrage hin erklärte er mir, dass er sich heute Morgen seinem Sohn besonders nahe fühlen konnte. Er habe etwas wie Liebe verspürt und eine ganz starke Geborgenheit wahrgenommen. Ein solch intensives Gefühl kenne er sonst nicht. Vater zu sein bedeutete für ihn bislang, Geld zu besorgen, die Windeln zu wechseln, aufzupassen, dass Noah sich nicht verletzt, ihn zu trösten, wenn er weint und ihm das Essen zuzubereiten, sobald er Hunger hat. Dass die väterlichen Pflichten auch mit einzigartigen Empfindungen der Nähe, der Verbundenheit, der Zufriedenheit und des Glücks einhergehen können, war Paul bislang fremd. „Wir werden nur die Welt erleben, für die wir uns geöffnet, auf die wir uns eingelassen haben", schlussfolgere ich. Paul überlegt laut: „Bisher konnte ich diese Welt nicht erleben, denn ich war darauf bedacht, alles abzuwehren. Doch es wird Zeit, diesen Trotz aufzugeben. Erstens habe ich lange genug erfolglos gegen mich gekämpft." Er wird still. „Und zweitens?", frage ich vorsichtig nach. „Zweitens muss ich die Trotzphase verlassen, damit Noah meinen Platz einnehmen kann. Ein trotziges Kind genügt." Er lacht dabei. Ich auch.

Analyse zu Paul und Samira

Auch im letzten Kapitel soll eine ausführliche Analyse nicht fehlen. Wenden wir uns Paul, Samira und Noah mit den geschärften Augen des Ich kann!-Prinzips zu.

9 Paul und Samira – Raus aus den Kinderschuhen

1. Verständnis

Erinnern Sie sich an die folgenden beiden Sätze? „Für die Handlungen unserer Mitmenschen gibt es Gründe. Wenn wir diese nicht verstehen, sind wir noch nicht ausreichend in deren Welt eingetaucht." Zusätzlich möchte ich hinzufügen: Auch für die eigenen Handlungen gibt es Gründe. Wenn wir diese ebenfalls nicht verstehen, sind wir noch nicht ausreichend in die eigene Welt eingetaucht.

Mit einem Tauchschein im Verständnismeer schwimmen Sie immer obenauf. Warum? Weil dadurch jegliches Handeln nachvollzogen werden kann. Wieso kommt es zu Streitigkeiten? Wieso kommt es zu Lügen? Wieso kommt es zum Betrug? Es gibt Gründe dafür, wenngleich diese meist unbekannt sind.

Es liegt in unserer Hand, ob wir Verständnis aufbringen und diese Gründe somit erfahren wollen. Oder ob wir stattdessen uns beklagen, uns beschweren, uns aufregen – weil wir das Handeln der anderen nicht nachvollziehen können. Was finden Sie in Ihrem Ich-Bereich vor? Möchten Sie verstehen oder verurteilen?

Meiner Meinung nach gibt es in Therapien kein Allheilmittel. Doch wenn es eines gibt, dann lautet es wohl „Verständnis". Ich bin als Therapeut sehr bemüht, Verständnis für meine Klienten zu entwickeln. Verständnis für deren Ansichten, für deren Verhalten, für deren Gedanken. Ich möchte wissen, warum sie so handeln, wie sie handeln. Ich möchte wissen, was sie empfinden und warum sie so empfinden. Doch das alleine reicht nicht aus. Ziel der Therapie ist es, dass auch meine Klienten Verständnis für andere entwickeln. Indem sie bemerken, wie gut es tut, verstanden zu werden, kommt häufig der Wunsch bei ihnen auf, auch andere zu verstehen.

Noahs Geschrei ist dann unerträglich, wenn man nicht versteht, warum er schreit. Natürlich ist auch die Scheidung der Eltern immer schlimm. Doch sie ist für Paul umso schlimmer, je weniger er die Trennung nachvollziehen kann. Verständnis kann das Leid mindern. Doch wie entwickeln wir Verständnis? Kann man das erlernen?

Wie so oft helfen uns hier die eigenen Gefühle. Lassen Sie zuerst Ihren Frust, Ihren Schmerz, Ihre Trauer zu. Wenn Sie glauben, dass diese keine Berechtigung haben, weil das Handeln der anderen sicherlich „verständlich" ist, befinden Sie sich auf dem Irrweg. Jedes Gefühl hat seine Berechtigung! Nehmen Sie Ihre Emotionen daher unbedingt ernst. Geben Sie ihnen Raum, lassen Sie die Empfindungen zu. Dadurch haben Sie die Möglichkeit, sich selbst zu verstehen. Was wiederum ermöglicht, auch andere zu verstehen. Solange Sie der Meinung sind, Ihre Gefühle haben zu wenig Spürraum erhalten, werden Sie nicht die Fähigkeit aufbringen, sich in andere hinein zu versetzen. Machen Sie also den ersten Schritt, damit der zweite folgen kann.

2. Erstverschlechterung

Aufgrund meiner therapeutischen Erfahrung ist mir bewusst, dass es durch das Erzählen und Aufarbeiten problematischer Themen zu einer kurzzeitigen Verschlechterung kommen kann. Ich betrachte das inzwischen als erstes, positives Symptom. Während Samira erschrocken ist, dass ihre Situation schlechter wurde, konnte ich mich freuen. Der Grund meiner Freude ist sehr einfach: Samira und Paul kamen zu mir, um etwas zu verändern. Da Samiras Situation nun schlechter ist, haben wir folglich eine Veränderung erreicht! Gewiss, das ist nicht die Veränderung, die wir uns alle langfristig wünschen. Ich empfinde es aber als leichter, eine bereits vorhandene Energie in eine andere Richtung zu lenken, als eine Energie zu erzeugen.

9 Paul und Samira – Raus aus den Kinderschuhen

> **Beispiel: Zahnarzt**
>
> Oh, oh, Sie hatten es schon befürchtet. Wenn Sie von Erstverschlechterung lesen, ist der Zahnarzt nicht weit. Wie gefällt es Ihnen, wenn er an Ihrem Zahn bohrt? Die Schmerzen, die Sie in seiner Praxis erdulden müssen, sind meist um ein Vielfaches höher, als jene, weswegen Sie Ihren Zahnarzt aufgesucht haben. Doch manche Schmerzen sind offenbar nötig, damit die Heilung eintreten und Ihr Zahn dauerhaft schmerzfrei sein kann.

Wie wir mit einer Erstverschlechterung umgehen, fällt in unseren Ich-Bereich. Lassen wir den Kopf hängen und glauben, dass alles schlechter wird? Gehen wir davon aus, dass durch unser Bemühen die Symptome immer stärker werden? Das zeigt, dass wir die Krankheit unterstützen, nicht die Gesundheit. Wir nehmen den Umstand der Erstverschlechterung, um unser Denken „Ich werde nie gesund" oder „Das lässt sich nicht heilen" bestätigt zu wissen.

Es ist daher ratsam, den Ich-Bereich von diesem Gift zu befreien und ihm wirkliche Medizin zu verabreichen: Wann immer eine Verschlechterung auftritt, nehmen Sie sie dankend an und erfreuen Sie sich an ihr. Sie zeigt Ihnen nicht nur, dass eine Veränderung geschehen ist. Sie zeigt vor allem, dass Sie auf der richtigen Spur sind, so als ob jemand beim Topf schlagen zu Ihnen sagt "warm"! Denn wie bei Samira geht es vielmals um das Phänomen, dass wir in irgendwelchen alten Gefühlen fest stecken und wir dadurch in unserer Weiterentwicklung blockiert sind. Unsere Chance besteht dann darin, diese Blockierung aufzulösen, indem wir dieser Fünfjährigen heute den Spürraum geben, den sie früher nicht hatte.

Beginnen Sie deshalb, ihre vermeintlichen Verschlechterungen neu zu bewerten. Das könnte folgendermaßen aussehen: „Klasse, ich habe etwas auf seelischer Ebene gelöst, deshalb zeigt es sich nun auf der körperlichen." Oder auch: „Früher hätte ich nicht wahrgenommen, dass das Symptom stärker wird. Jetzt fällt mir das auf, ich lebe also bewusster als früher. Ich bin auf einem guten Weg."

Samira hat meinen Worten Glauben geschenkt und vertraute darauf, dass es besser wird. Das war der erste Meilenstein, um eine wirkliche Besserung zu erzielen. Nutzen auch Sie die Tiefpunkte in Ihrem Leben, um stärker und gesünder als je zuvor dort herauszukommen.

Blicken wir aber noch auf den Nicht-Bereich: Ob eine Erstverschlechterung eintritt oder nicht, wie lange sie bleibt und wie gravierend sie sich zeigt, all das fällt in den Nicht-Bereich. Das können Sie nicht direkt beeinflussen, hüten Sie sich deshalb davor, es überhaupt beeinflussen zu wollen. Konzentrieren Sie sich stattdessen auf Ihren Ich-Bereich, auf Ihr eigenes Handeln, auf Ihre Kognitionen, Ihre Emotionen und auf Ihre Überzeugungen. Freunden Sie sich mit dem Gedanken an, dass diese erste Verschlechterung in Wirklichkeit die Chance zu einer markanten Verbesserung enthält.

3. Ressourcen

> **Definition: Ressourcen**
>
> Unter Ressourcen verstehen wir in der Psychologie die Mittel und Möglichkeiten, über die eine Person verfügt, um ihr Leben zu gestalten oder zu verbessern (Brockhaus Psychologie 2009). Sie betreffen in der Regel die Eigenschaften, Fähigkeiten oder die geistige Haltung einer Person. In einer Psychotherapie kann dieses immaterielle Gut als zusätzliche

9 Paul und Samira – Raus aus den Kinderschuhen

> Kraftquelle genutzt werden und damit den vorliegenden Problemen und Schwierigkeiten entgegenwirken. Hierbei spricht man von Ressourcenaktivierung. Sie gilt als ein zentraler Wirkmechanismus erfolgreicher Psychotherapie.

Bei Paul und Samira liegen viele Ressourcen vor: Ich erlebe Paul als einen sehr willensstarken Mann, bereit, auch größere Hindernisse zu überwinden, wenn das Ziel klar bestimmt wurde. In seine alte Arbeitsstelle hatte er nach eigener Aussage viel Energie gesteckt und er wäre bereit, das auch wieder zu tun. Samira hat ein besonders ausgeprägtes Einfühlungsvermögen und ist eine sehr liebevolle Mutter. Der kleine Noah kostet sie zwar manchmal einige Nerven, doch er schenkt ihr auch viel Kraft. Samira und Paul teilen eine besondere Nähe zur Natur. Sie haben mir berichtet, wie sie bei einem ausgedehnten Spaziergang oder einem Tag am See ihre Batterien wieder aufgeladen haben.

Diese Ressourcen werden bislang aber kaum genutzt. Anstatt in der Natur zu arbeiten, werkelt Samira an Maschinen und Paul bewirbt sich für Stellen im Büro. Krawatte statt Holzfällerhemd, weißes Papier statt grünem Baum. Die Familie verbringt viel Freizeit in der Wohnung, zu wenig in der freien Natur. Paul ist ein begabter Sportler, doch in seinen Augen ist seine „beste Zeit längst vorbei", deshalb habe er schon vor Jahren mit Tennis und Badminton aufgehört.

Wie sollen wir die Kraft für Veränderungen aufbringen, wenn wir unsere Kraftquellen nicht nutzen? Jeder von uns besitzt etwas, das ihm Freude macht, das ihm Energie schenkt, was die Schwere nimmt oder Hoffnung gibt. Für manch einen ist es ein Sonnenbad, für einen anderen eine Runde Go-Kart, wieder andere benötigen ein Gespräch mit einem Freund bei einer Tasse Chai Latte mit extra viel Schaum. Mag es für die Frau das Shoppen im City-Center sein oder für den Mann der Fußballabend ... ob wir unsere Ressourcen ausschöpfen oder nicht, liegt immer im Ich-Bereich. Sie können Ihre Talente aufleben oder brach liegen lassen. Sie können Ihre schönsten Urlaubsorte nochmals bereisen oder die Zeit mit dem Durchzappen des öden Fernsehprogramms vergeuden. Sie können Ihr Geschick in Ihrem Beruf anwenden oder eben darauf warten, dass alles besser wird. Doch Obacht: „Den Letzten beißen die Hunde."

Erinnern Sie sich an die ersten beiden Sitzungen mit Samira und Paul? Ständige Streitigkeiten, hitzige Diskussionen, Vorwürfe, Lästereien – aus meinem Therapieraum wurde ein Schlachtfeld geschaffen. Doch das muss nicht sein. Jede Liebesbeziehung hat das Potenzial, ein Raum für Liebe, Liebkosungen und Liebesbeweise zu sein. Sie können in einer Partnerschaft die glücklichsten Augenblicke und die aufregendsten Stunden erleben. Ist das nicht einen Versuch wert?

Was wir aus Paul und Samiras Fall lernen können

Konflikte aus der Kindheit löst man nicht, indem man sie beiseite schiebt. Die beschriebene Paartherapie zeigt deutlich, dass die Streitigkeiten in der Partnerschaft nicht zwingend mit der Partnerschaft zu tun haben. Häufig sind es offene Konflikte aus der Vergangenheit, die plötzlich wieder zum Tragen kommen. Die Gefühle, die wir in bestimmten Situationen erleben, sind uns möglicherweise vertraut: Wenn wir herausfinden, in welchen früheren

9 Paul und Samira – Raus aus den Kinderschuhen

Erlebnissen wir ähnlich fühlten, sind wir dem offenen, nicht bewältigten Konflikt sehr nahe.

Paul hat den Glauben an eine heile Welt aufgegeben und leidet noch immer unter der Trennung seiner Eltern, Samira fühlt sich noch immer hilflos und ist verängstigt. Beide projizieren Ihre Schmerzen aus der Vergangenheit in die Gegenwart, aus der Kindheit in die Partnerschaft. Diese Schmerzen gilt es zu stillen und die altbekannten Muster zu durchbrechen! Indem die unverdauten Themen in ihrer ganzen Tiefe verarbeitet werden, wird sich das auch auf die Liebesbeziehung auswirken.

Wir haben gelernt, dass Veränderungen Kraft kosten und aus zwei Phasen bestehen: Zuerst muss etwas Altes aufgegeben, erst dann kann etwas Neues aufgenommen werden. Die Vorzüge, die die alten Gewohnheiten mit sich bringen, müssen wir folglich auch gehen lassen. Deshalb kosten Veränderungen in der Regel viel Kraft. Doch nur, wenn etwas anders wird, kann es besser werden.

Aber Halt! Manchmal bewirkt die Veränderung auch eine Verschlechterung. Von dieser Erstverschlechterung sollten wir uns nicht beirren lassen. Wir haben vielleicht schlimme Erfahrungen in unser Bewusstsein geholt, die vorher tief und fest schlummerten. Natürlich tut das weh, natürlich vermittelt es den Anschein, dass es nun schlechter ist als zuvor. Das ist die Gelegenheit, um dazugehörige Emotionen zu zeigen und zu verarbeiten. Nicht verdrängen, sondern ausleben. Das höchste der Gefühle ist das Gefühl selbst! Denken Sie dabei an ein Kleinkind und tun Sie es ihm gleich.

Verständnis ist ein elementares Hilfsmittel in jedem sozialen Kontakt. Wenn Sie mit anderen kommunizieren, versuchen Sie, diese zu verstehen. Es gibt Gründe, warum Ihre Mitmenschen so sind, wie sie sind.

Psychotherapeuten erhalten einen unheimlich großen Einblick in das Seelenleben anderer, was mich zu der Überzeugung bringt: Wenn wir alle mehr voneinander wüssten, wir die Leiden und Träume, die Erfahrungen und Befürchtungen unseres Gegenübers kennenlernten, fiele es uns leicht, friedvoll und liebevoll miteinander umzugehen.

Literatur

Brockhaus. (2009). *Der Brockhaus Psychologie: Fühlen, Denken und Verhalten verstehen*. Mannheim: Brockhaus.

Nachwort

Nun haben Sie die verschiedenen Fälle gelesen, haben Ihr Wissen über Psychologie erweitert und einen Einblick in die therapeutische Arbeit mit verschiedenen Klienten erhalten. Welche Lehren können Sie daraus ziehen? Welchen Nutzen haben Sie in Ihrem Alltag davon?

Die wichtigsten Gedanken dieses Werkes möchte ich an dieser Stelle noch einmal kurz zusammenfassen und darauf eingehen, was das für Sie und Ihr Leben bedeuten kann.

Manches lässt sich durch Sie beeinflussen, manches nicht. Konzentrieren Sie sich deshalb auf das, was in Ihrer Hand liegt. Versuchen Sie sich von dem zu lösen, was Sie nicht beeinflussen können, denn dafür tragen Sie nicht die Verantwortung. Geben Sie Acht auf Ihre Gefühle, Ihre Gedanken, Ihr Handeln – denn all das fällt in Ihren Ich-Bereich. Gewinnen Sie an Leichtigkeit und Zufriedenheit, indem Sie sich stärker denn je zuvor auf Ihren Ich-Bereich konzentrieren. Ein Sentiment wie Schuld oder Ohnmacht gehört dann der Vergangenheit an.

Damit sind wir schon beim nächsten Punkt: Projizieren Sie ihre unverdauten Situationen nicht länger aus der Vergangenheit in die Gegenwart, sondern gehen Sie der Sache genau auf den Grund: Woher kennen Sie die Gefühle, die in Streitigkeiten, in der Stille oder in der Einsamkeit auftreten? Betrachten Sie Ihre Leiden als ständige Erinnerungshinweise, um die unverdauten Situationen zu lösen und die Wunden damit zu schließen. Dazu müssen Sie die damaligen Erlebnisse aufkommen lassen, nachempfinden und verarbeiten. Alles, was sich wie ein roter Faden durch Ihr Leben zieht, hat unmittelbar mit Ihnen selbst zu tun. Es gibt Gründe, weshalb Ihre Umstände in Ihrem Leben so sind, wie sie sind. Therapeuten stehen Ihnen gerne bei, die Ursachen der Umstände zu entdecken und aufzulösen.

Überlegen Sie, von welchen Emotionen Ihr letztes Jahr bestimmt wurde. Kennen Sie einige dieser Gefühle aus früheren Erfahrungen? Lassen Sie Ihre Kindheit und Jugend Revue passieren und schenken Sie den damaligen Empfindungen besondere Beachtung. Trennen Sie Ihren Verstand von Ihrem Gefühl und tauchen Sie in ein kindliches Erleben ein. Was machte Sie damals traurig, wütend, glücklich? Wurden Sie enttäuscht, gedemütigt, böse überrascht? Lernen Sie Ihr Unterbewusstsein kennen, indem Sie sich Ihren unterdrückten Gemütsbewegungen öffnen. Leben Sie diese Empfindungen in einem angemessenen Rahmen aus, sodass weder Ihre Gefühle zu kurz noch andere zu Schaden kommen. Geeignete Hilfsmittel sind Boxhandschuhe und Boxsack, Kopfkissen, Matratze, Ohrenschützer. (Springen Sie zum nächsten Absatz mit einem lautlosen Schrei).

Was immer Sie in Ihrem Leben verbessern wollen, es benötigt eine entscheidende Zutat: Veränderung. Sorgen Sie selbst für Veränderungen in Ihrem Leben. Lassen Sie in einem ersten Schritt Altes gehen – verabschieden Sie sich zum Beispiel von einer Gewohnheit, von einer Bequemlichkeit, von einer Einstellung, Denkweise oder manchem Gegenstand. Es ist nicht leicht, sich davon zu lösen, denn sonst hätten Sie sich schon längst davon getrennt. Was immer Sie gehen lassen, Sie lassen damit auch die Vorzüge dessen gehen. Sobald Ihnen das gelungen ist, folgt der zweite Schritt: Nehmen Sie nun etwas Neues auf. Machen Sie sich bewusst, womit Sie Ihre neuen Kapazitäten ausfüllen möchten. Nutzen Sie die Kraft der Imagination, um die gewünschten Ziele zu erreichen.

Wenn es eine Art Allheilmittel gibt, ist es in meinen Augen Verständnis. Beginnen Sie, Ihre Mitmenschen zu verstehen, anstatt sie zu verurteilen. Für mich als Therapeuten ist es einfach, umfangreiche und genaue Angaben über eine Person zu erhalten. Es genügt, meinen Klienten genau zuzuhören, wenn sie mir ihre Welt offenbaren. Dagegen ist es meist schwierig, Menschen zu verstehen, wenn wir nur wenige Informationen über sie haben. Erkunden Sie sich, nehmen Sie intensiven Kontakt zu unterschiedlichen Personen auf, fragen und haken Sie nach, wenn Sie etwas nicht verstehen. Schaffen Sie eine Umgebung ehrlicher Anteilnahme und großer Wertschätzung. Sie werden schnell feststellen, dass man sich Ihnen gerne anvertraut – und Sie im Gegenzug Verständnis für die Handlungen Ihrer Mitmenschen gewinnen. Verständnis kann uns Frieden bringen. Dieser Frieden beginnt in uns.

Wenn Sie all das Niedergeschriebene lesen, haben Sie vielleicht das Gefühl, dass es für mich als Autor leicht sei, Veränderungen in meinem Privatleben vorzunehmen oder den Nicht-Bereich zu akzeptieren, weil ich ihn ja nicht beeinflussen kann. Dieser Anschein trügt! Ich habe zwar das Wissen darüber erlangt, das heißt aber nicht, dass mein Gefühl dem ohne Weiteres folgen kann. Gerne teile ich mein Wissen mit Ihnen und hoffe, dass Sie davon profitieren und es besser anwenden können, als mir das oft gelingt. Falls Sie manches Mal verzagen, trösten Sie sich damit, dass auch ich verzage. Geben Sie sich nicht der Illusion hin, dass ein erhöhtes Wissen mit einem vorbildlichen Verhalten einhergehen muss. Kleiner Tipp am Rande: Fragen Sie einen Paartherapeuten nie nach seinem Beziehungsstatus.

Zuletzt möchte ich mich bei Ihnen bedanken, dass Sie all das gelesen haben, was ich nicht für mich behalten konnte (und wollte). Ich wünsche Ihnen, dass Sie aus dem Werk ähnlich viele Erkenntnisse gewonnen haben, wie ich aus meinen Therapiestunden gewinnen darf.

Möge Ihr schönster Tag der Alltag sein.

Alexander Hüttner

 Springer spinger.com

Jetzt im Springer-Shop bestellen:
springer.com/978-3-658-13214-9

GPSR Compliance
The European Union's (EU) General Product Safety Regulation (GPSR) is a set of rules that requires consumer products to be safe and our obligations to ensure this.

If you have any concerns about our products, you can contact us on

ProductSafety@springernature.com

In case Publisher is established outside the EU, the EU authorized representative is:

Springer Nature Customer Service Center GmbH
Europaplatz 3
69115 Heidelberg, Germany

www.ingramcontent.com/pod-product-compliance
Lightning Source LLC
LaVergne TN
LVHW020347260326
834688LV00045B/1571